Hellmut Geißner
mündlich: schriftlich

Hellmut Geißner

mündlich: schriftlich

Sprechwissenschaftliche Analysen
'freigesprochener' und 'vorgelesener' Berichte

scriptor

Beim Druck haben wir versehentlich
eine falsche ISBN angegeben. Die
richtige Nummer lautet:

ISBN 3-589-20837-6

Scriptor Verlag

CIP-Titelaufnahme der Deutschen Bibliothek

Geissner, Hellmut:
Mündlich: schriftlich : sprechwiss. Analysen "freige-
sprochener" u. "vorgelesener" Berichte / Hellmut
Geissner. – 1. Aufl. – Frankfurt am Main : Scriptor, 1988.
  ISBN 3-589-20873-6

1. Auflage 1988

© 1988 Scriptor Verlag GmbH & Co., Frankfurt am Main
Druck und Bindung: difo-druck, Bamberg
Vertrieb: Cornelsen Verlagsgesellschaft, Bielefeld
Printed in West-Germany
ISBN 3-589-20873-6

INHALT

VORWORT

'Habent sua fata libelli!' Manchmal haben jedoch nicht erst Bücher ihre Schicksale, sondern schon Forschungsprojekte, ehe das, was als ihr Ertrag vermutet wird, als ein Büchlein erscheinen kann.

Das Projekt, dessen Ertrag ich hier vorlege, beschäftigt mich seit etwa 30 Jahren. Mit ihm war ich - nach vielen Vorarbeiten - einige Jahre Mitglied des Sonderforschungsbereichs 100 an der Universität des Saarlandes. Allererste Hinweise auf die entstehende Arbeit habe ich damals veröffentlicht (1972, 1974, 1975).

Doch dann kam die 'fata'; einmal ganz private, sodann institutionelle, nämlich die Annahme eines Rufes nach Landau, mit der Aufgabe, noch einmal eine Arbeitsmöglichkeit von Null an aufzubauen - und schließlich andere, mir dringlicher erscheinende Arbeiten.

Dies alles geschah in der Auseinandersetzung mit wechselnden wissenschaftlichen - heute läßt sich schon sagen: wissenschaftsgeschichtlichen - Problemstellungen: War es ratsam, in der Zeit systemlinguistischer Euphorie tiefenstruktureller Transformationen eine oberflächenstrukturelle Untersuchung ohne Baumgraphen usw. vorzulegen, die sich überdies, 'horribile dictu', mit Performatorischem beschäftigte? War es möglich, bei Studierenden, sogar Studierenden der Germanistik, im Mündlichen und Schriftlichen einen Unterschied zwischen 'restringiert' und 'elaboriert' zu konstatieren, der nach damals herrschender soziolinguistischer Lehre doch eine Grenze zwischen sozialen Schichten und Sozialisationschancen darstellte? War es schließlich vertretbar, "Berichte", also Sprechleistungen in zusammenhängender Rede bzw. Schreibe, zu untersuchen, während Pragmalinguisten und Ethnomethodologen gerade 'Gespräch oder Konversation oder Dialog' als alleinseligmachende Untersuchungsobjekte glorifizierten?

Manch 'Neuentdecktes' schien mir bekannt, gab es doch grundlegende Darstellungen, sogar quantitative Untersuchungen, selbst innerhalb der deutschsprachigen Sprechwissenschaft (DRACH 1926, PETERS 1929); zur Satzmelodie (KUHLMANN 1931, STOCK 1980); zur Intonation (WINKLER 1934, 1962, 1979); zum Sprechausdruck (TROJAN 1949, FÄHRMANN 1965, HÖFFE 1966); zur funktionalen Grammatik (DRACH 1937, WINKLER 1954); zu Formen des Gesprächs und der Rede (KURKA 1961, KIRST 1981, GUTENBERG 1981, 1983, PAWLOWSKI 1986). Kurzum, jenseits schnell wechselnder Moden in den mit 'Sprache' sich beschäf-

tigenden Wissenschaften blieb ein brauchbarer Fundus zur Untersuchung von Sprechenden und dem Gesprochenen.

Wenn sich der Abschluß der Arbeit dennoch verzögert hat, so spielte noch etwas
anderes eine Rolle. Während von Sprache ausgehende Forschungen offensichtlich
wenig Skrupel haben, ihre Untersuchungsmaterialien zu verschriftlichen, um sie
analysieren zu können, ist dies eine paradoxe Zumutung für einen Sprechwissenschaftler. Mit dem Überwechseln in die Verschriftlichung, wirklich eine 'metabasis
eis allo genos', gibt er ironischerweise die spezifische Differenz seiner Disziplin
preis, deren Gegenstand ja nicht primär 'gesprochene Sprache' ist, sondern "das
Miteinandersprechen vergesellschafteter Menschen".

Vielleicht vermag der/die eine oder andere lesend die Fatalität nachzuempfinden,
mit der ich in reflexiver Selbstironie dennoch dieses bislang unerledigte Stück
'Lebensarbeit' zu einem nachvollziehbaren Abschluß zu bringen versuchte.

Auf diesem Wege habe ich unterschiedliche Hilfe erfahren: Von den Studierenden
an der Universität des Saarlandes in Saarbrücken, die als Probanden mitmachten;
von den Mitgliedern des SFB 100, vor allem seinem damaligen Leiter Hans Eggers;
von Wolfgang Mohn, der die ersten Computerausdrucke besorgte; von der DFG,
die die Aufzeichnungen mit dem Tonhöhenschreiber ermöglichte; von Werner
Kallenbach an der Physikalisch-Technischen Bundesanstalt in Braunschweig; von
den Mitarbeitern am Rechenzentrum der EWH in Landau; von meinem Kollegen
Jaakko Lehtonen und seinen Mitarbeitern an der Universität Jyväskylä in Finnland;
von Ralf Kleine-Altenkamp, der einige Grafiken auf seinem Computer herstellte;
von Silke Slembek, die mir half, das Literaturverzeichnis zu computerisieren; von
Gabriel Ptok, der mir in den Monaten der Endredaktion umsichtig zur Hand ging;
von Annette Krause, die auch das Typoskript dieses Buches wieder mit äußerster
Sorgfalt geschrieben hat. Ihnen allen danke ich aufrichtig.

Ohne die ebenso liebevollen wie hartnäckigen Ermunterungen von Edith in den
zurückliegenden Jahren hätte ich's wahrscheinlich aufgesteckt. Deshalb möchte
ich ihr diese Untersuchung widmen.

Landau, im Juli 1988   h. g.

1. 'MÜNDLICH : SCHRIFTLICH'

Der unübliche Doppelpunkt zwischen 'mündlich' und 'schriftlich' soll anzeigen, daß hier nach dem Verhältnis zwischen Mündlichem und Schriftlichem gefragt wird. Es geht folglich weder um die durch 'und' ausdrückbare Gleichsetzung, noch um die durch 'oder' anzeigbare Disjunktion, die in einer Lesart schließlich den Ausschluß der einen Seite bedeutete. Die Frage nach der Verhältnismäßigkeit versucht "... the simple oral versus written dichotomy ..." (RUBIN 1980) auszuschließen. Sie schließt damit jedoch einige andere Fragen ein: Wie diese 'false dichotomy' (LAKOFF 1979) entstanden ist; wie sie gesellschaftlich gewertet wird; welche wissenschaftlichen Folgen gezogen wurden.

Mit den zuletzt genannten Überlegungen möchte ich einsetzen, um das Problemverständnis einsichtig zu machen, von dem meine Untersuchung bestimmt wird. Zunächst werde ich einige sprachwissenschaftliche Ansichten skizzieren (1.1), mich anschließend geschichtlichen und gesellschaftlichen 'Rahmenbedingungen' zuwenden (1.2), ehe ich einen sprechwissenschaftlichen Ansatz darlege (1.3).

1.1 Sprachwissenschaftliche Positionen

1. Es hat den Anschein als habe die Sprachwissenschaft in ihren Anfängen angenommen, es gäbe keine erheblichen Unterschiede zwischen Mündlichem und Schriftlichem. Für die gelehrte Forschung des 19. Jahrhunderts konstatiert FRINGS: "Gesprochenes und Geschriebenes wird in einfältiger Selbstverständlichkeit gleichgesetzt, eben nach der alten Einfalt, daß Buchstabe gleich Laut sei" (vgl. HÖHNE-LESKA 1975). Möglicherweise wurde diese 'Gleichsetzungshypothese' im deutschen Sprachgebiet durch die Tatsache gefördert, daß durch Jahrhunderte hindurch allein Latein die Sprache der Wissenschaften war, so daß ein Bewußtsein für das mündlich gebrauchte Deutsch sich auch bei den Gebildeten nur allmählich entwickeln konnte; bei jenen Gebildeten, die bis ins 19. Jahrhundert hinein in ihren Konversationen das Französische bevorzugten." Eines ist sicher. Man muß die naive Identifizierung von gesprochener und geschriebener Sprache aufgeben" (RUPP 1965).

Es ist merkwürdig zu sehen, daß bald darauf nicht nur Unterschiede zwischen 'Schriftsprache' und nicht-geschriebener 'Umgangssprache' wahrgenommen werden, sondern daß sich ihre Bewertungen ändern.

"Sprache und Schrift sind zwei verschiedene Systeme von Zeichen; das letztere besteht nur zu dem Zweck, das erstere darzustellen. Nicht die Verknüpfung von geschriebenem und gesprochenem Wort ist Gegenstand der Sprachwissenschaft, sondern nur das gesprochene Wort allein ist ihr Objekt", formuliert SAUSSURE 1916 (SAUSSURE 1931). Er fährt fort: "Aber fälschlicherweise mißt man dem geschriebenen Zeichen ebensoviel oder mehr Wert bei als dem gesprochenen, so als ob man glaubt, um jemanden zu kennen, sei es besser, seine Photographie als sein Gesicht anzusehen." Ähnlich hieß es vorher bei Hermann PAUL: "Die Schrift ist nicht nur nicht die Sprache selbst, sondern sie ist derselben auch in keiner Weise adaequat" (PAUL 1886). Es bedarf folglich immer einer "Rückumsetzung" aus der Schrift. Noch näher bei SAUSSURE steht BLOOMFIELD mit seinen Aussprüchen "Writing, of course, is merely a record of speech", bzw. "Writing is not language, but merely a way of recording language by way of visible marks" (BLOOMFIELD 1927 bzw. 1933).

2. Erstaunlich ist, daß selbst theoriesprachlich das Begriffspaar "Sprache und Schrift" verwendet wird; so noch als Kapitelüberschrift bei KAINZ (1956). Wenn in dieser Wendung 'Schrift' von 'Sprache' unterschieden wird, dann bedeutet 'Sprache' alles, was nicht geschrieben wird oder geschrieben werden kann. 'Sprache' bedeutet dann "menschliche Rede" (AMMANN 1925). Alltagssprachlich wird Vergleichbares angenommen, wenn es heißt, jemand beherrsche eine Sprache in "Wort und Schrift". 'Schrift' bedeutet dann keineswegs nur das Schrift(zeichen)system, sondern die Andersartigkeit, sogar die Defizienz, im Verhältnis zur gesprochenen Rede. Es geht also nicht einfach um die Physiologie der Schreibmotorik (GRÜNEWALD 1957) und das von der jeweiligen Konvention abhängige Schriftbild, sondern um die chiro- oder typografische Materialisierung laut-(sprach)licher Vorgänge. Auf der Seite von 'Sprache' oder 'Wort' geht es aber andererseits - und dieser Hinweis ist schon jetzt erforderlich - weder nur um das grammatische 'System', noch um die Physiologie der Sprechmotorik, sondern um die ursprüngliche Beziehung zwischen in Sprache denkenden und mit Sprache sprechenden und durch Miteinandersprechen Verständigung suchenden Menschen. Ohne geschichtliche Perspektive wird das Problem unerträglich verkürzt (vgl. KNOOP 1983).

Die Auffassung von der 'Defizienz der Schrift', eine andere Defizithypothese, blieb nicht lange unwidersprochen. Im Rückgriff auf Arbeiten von ARTYMOVYC hat Josef VACHEK eine heftige Gegenbewegung ausgelöst (VACHEK 1939). Er wirft

SAUSSURE vor, daß er zwar von einer 'linguistique de la parole' rede, selber aber nie eine ausgearbeitet habe. Dies sei bei der Widersprüchlichkeit im parole-Begriff auch nicht verwunderlich. Das "Saussuresche Paradox" (LABOV 1972) löst VACHEK auf, indem er sagt, "daß der Begriff 'parole' - wenigstens in dem Sinne, wie er von Saussure verstanden worden ist - so gut wie überflüssig ist." Auf diese Weise wird der Weg frei für die Einsicht, daß es innerhalb einer 'langue' zwei analoge, aber keineswegs homogene Normen gibt, eine Sprechnorm und eine Schriftnorm, die in "komplementären Funktionen benutzt werden" (VACHEK 1939, vgl. CHAFE 1982). Die 'langue' ihrerseits ist keine 'universale Sprachnorm', sondern "die Summe" der beiden anderen. Wenn Normen auch unterschiedlich gut beherrscht werden, so bestimmt doch die Sprechnorm die Sprechäußerungen, wie die Schriftnorm die Schriftäußerungen. VACHEK faßt seine Auffassung in folgender Skizze zusammen:

VACHEK lag weniger an einer Umkehrung als an der Aufhebung der SAUSSURE-schen 'Dominanzhypothese'. UHLENBECK (1979) findet es merkwürdig, "daß er nicht dazu übergeht, mündlichen und schriftlichen Sprachgebrauch miteinander zu vergleichen" ("gaat hij er merkwaardig genoeg niet toe over om het mondelinge met het schriftelijke taalgebruik te vergelijken"). Immerhin eröffnet VACHEKs Ansatz aber die Möglichkeit zu derartigen Vergleichen. Ehe ich im nächsten Schritt auf diese 'Differenzhypothese' eingehen will, halte ich es für angebracht, noch auf Ansichten zu verweisen, die von 'Scriptisten' geäußert wurden. Es geht dabei um den "written language bias" (LINELL 1982) von Sprachwissenschaftlern, die vorgeben (oder meinen), 'Sprache' zu untersuchen, obwohl sie tatsächlich nur geschriebene Sprache analysieren. Eine derartige Auffassung könnte sich auf das "naive Modell" des Zusammenhangs von gesprochener und geschriebener Sprache stützen, das Florian COULMAS angeboten hat (1985); mir kommt es vor wie ein um 90 Grad geschwenkter VACHEK:

KOMPETENZ
MÜNDLICHE PERFORMANZ
SCHRIFTLICHE PERFORMANZ

Die Beziehung zwischen Kompetenz und Performanz scheint hier nicht klarer als die zwischen normgerechten Sprechäußerungen und normgerechten Schriftäußerungen zur 'langue' dort; ganz abgesehen davon, daß die hier verwendeten Termini 'Kompetenz' und 'Performanz' alles andere als eindeutig sind. Darauf ist zurückzukommen.

3. Der Unterschied zwischen den beiden sprachlichen Erscheinungsformen 'gesprochene und geschriebene Sprache' wurde - bezogen auf die deutsche Sprache - bereits 1899 von Otto BEHAGHEL problematisiert: "... tiefgreifend sind die Unterschiede in den Bedingungen, in den Mitteln und den Zwecken, in der gesamten Gestaltung, die zwischen geschriebenem und gesprochenem Worte bestehen. Wer all das unbefangen ins Auge faßt, wird nicht daran denken können, das eine als Maßstab für das andere zu betrachten" (BEHAGHEL 1927). Die von ihm herausgearbeiteten Unterschiede seien so gravierend, daß er es für unmöglich hält, sie aufzuheben; es sei jedoch erstrebenswert, ".. die Entfernung zwischen beiden nicht zu groß werden zu lassen" (ebd.).

Wie groß die Entfernung zwischen beiden 'Formen des Sprachgebrauchs' ist, und ob sie sich in den letzten Jahrzehnten vergrößert hat, darüber gehen die Meinungen auseinander, allerdings auch darüber, ob es überhaupt richtig ist, lediglich von verschiedenen Formen des Sprachgebrauchs zu sprechen oder von verschiedenen Gesetzmäßigkeiten der Sprache, ob es sich nicht um verschiedene 'Sprachen' handelt. "Jede Sprachgemeinschaft, in der Schrift verwendet wird, ist ... virtuell diglossisch"; denn es gibt in ihr "eine ausgeprägte und festgeschriebene Divergenz von geschriebener und gesprochener Sprache" (COULMAS 1985).

Eine 'festgeschriebene' diglossische Divergenz ist zumindest normativ, wenn nicht gar gesetzmäßig. "Die schriftliche Rede", heißt es bei Hans EGGERS, "folgt eigenen und anderen Gesetzen als die mündliche" (EGGERS 1962). Doch welches sind die 'Gesetze'? Beschrieben wurden keine Gesetzmäßigkeiten, sondern pauschale Unterschiede, zwischen 'Situationsgebundenheit' und 'Situationsentbundenheit' (DRACH 1926), zwischen 'l'ensemble' und 'solitude' (LAVELL 1942), zwischen 'content' und 'expression' (ULDALL 1944), zwischen 'context' und 'text' (OLSON 1977), zwischen 'involvement' und 'content' (TANNEN 1982), bis hin zu tabellarischen Übersichten, etwa bei NIDA oder COULMAS:

"Oral Style	Written Style
- Parallel structure of kernels	- Greater inbedding and subordination
- Psychological atmosphere provided mainly by intonation	- Psychological atmosphere provided by the selection of terms having fitting connotations
- Numerous onomatopoetic expressions and frequent use of sound symbolism	- Much less sound symbolism except in poetic utterance
- Relatively frequent syntactic abnormalities	- Greater syntactic consistency
- Less careful sequencing	- Studied sequencing
- Limited vocabulary	- Richer vocabulary
- More words in proportion to the number of ideas	- Fewer words in proportion to the number of ideas
- Frequent changes resulting from feedback from receptors	- Not subject to sudden shifts as result of feedback."

(NIDA 1967)

"Für die Differenzen zwischen gesprochener und geschriebener Sprache können in Anlehnung an Kay (1977), Olson (1977), Scollon und Scollon (1981) und Pawley und Syder (1983) zusammenfassend folgende pragmatische Rahmenbedingungen angegeben werden.

Gesprochene Sprache	Autonome geschriebene Sprache
1. Face-face Situation von Gesprächsteilnehmern	1. Nicht situationsgebunden
2. Was in der Situation gesagt wird, ist gemeinsames Produkt der Teilnehmer.	2. Der Text wird von einem Produzenten hergestellt, der vom Publikum getrennt ist.
3. Jeder Beitrag richtet sich an einen bestimmten Adressaten und ist auf ihn abgestimmt.	3. Die Adressaten sind anonym. Der Text wird so gestaltet, daß er von einer allgemeinen Gruppe von Adressaten verstanden werden kann.
4. Äußerungen sind flüchtig und unterliegen zeitlichen Restriktionen für Memorierung und Verarbeitung.	4. Herstellung und Aufnahme des Textes unterliegt keinen bzw. sehr viel weiteren zeitlichen Restriktionen.
5. Bedeutungsvermittlung geschieht mit sprachlichen und parasprachlichen Mitteln.	5. Bedeutungsvermittlung geschieht ausschließlich mit sprachlichen Mitteln.
6. Sprecher kann ostensiv auf Gegenstände der Umgebung verweisen.	6. Referenz auf Gegenstände muß sprachlich explizit gemacht werden.

7. Äußerungen haben neben inhaltlichen auch phatische Funktionen und stehen im Zusammenhang einer sich entwickelnden Interaktion.

7. Texte sind unpersönlich und vermitteln nicht notwendig Informationen über die Persönlichkeit des Autors.

8. Die Rede ist dynamisch, korrigierbar, aushandelbar und insofern provisorisch.

8. Der Text ist statisch, selbständig und definitiv."

(COULMAS 1985)

Allmählich scheint sich jedoch die Ansicht durchzusetzen, daß auch diese 'Differenzhypothese' nicht weiter führt. "... it is misleading to compare the broad class 'oral language' with all 'written language,' because the differences within these classes can be much greater than any general distinction between them" (RUBIN 1980). Auch Wolfgang KLEIN hält es für "sinnlos, global 'die gesprochene Sprache' mit 'der geschriebenen Sprache' vergleichen zu wollen" (KLEIN 1985). Selbst wenn beide als 'komplementäre Teilsysteme' aufgefaßt werden (HENNE 1975), die nach 'kanal- und funktionsspezifischen' Merkmalen abgegrenzt werden sollen, selbst dann bleibt problematisch, in welchem Maße der 'linguistische bias' die sprachwissenschaftliche Untersuchung von gesprochener Sprache dominiert. Mit OLSON ist zu fragen, ob es nicht darüber hinausgehend einen generellen "bias of language in speech and writing" gibt (OLSON 1977). Ehe ich mich dieser Problematik zuwende, soll noch eine weitere sprachwissenschaftliche Position skizziert werden.

4. Es hat sich - im Verlaufe der jüngeren Geschichte der Sprachwissenschaft - als wenig sinnvoll herausgestellt, die gesprochene über die geschriebene Sprache zu erheben oder in der Folge die geschriebene über die gesprochene. Vorhandene Unterschiede sind durch Dominanzverhalten allenfalls dort zu verändern, wo Macht greift. Die Macht der Sprachwissenschaftler über die Sprachgemeinschaft oder die speech community ist jedoch erfreulich gering, obwohl ihnen in Schulen all die Tausende assistieren, die Sprache lehren. Es wechseln Moden der Darstellung und der Vermittlung, aber nicht Erscheinungsweisen der Sprache, sei sie gesprochen oder geschrieben. Die vorhandenen Unterschiede sind folglich weder nach der einen noch nach der anderen Seite hin aufzuheben. Das bedeutet allerdings andererseits nun nicht, daß die Unterschiede 'total' wären, daß es sich um zwei völlig verschiedene 'Struktursysteme' handelte wie etwa noch ULDALL meinte: "The system of speech and the system of writing are ... only two realizations out of an infinite number of possible systems, of which no one can be said to be more fundamental than the other" (ULDALL 1944).

In letzter Zeit wird deshalb von verschiedenen Forschern überlegt, ob es nicht angemessener ist, ein Kontinuum anzunehmen von ungeschriebener und unschreibbarer Mündlichkeit zum anderen 'Skalen'ende einer ungesprochenen und unsprechbaren Schriftlichkeit. Von dieser Auffassung aus stellte sich die 'oral versus written dichotomy' wirklich als allzu simpel dar, sie müßte aufgehoben werden in einer Kontinuitätshypothese. Es geht um die Differenzen im Kontinuum "from utterance to text" (OLSON 1977). In einer Auseinandersetzung mit der Ansicht, daß es "autonomous versus nonautonomous speech" gäbe (KAY 1977), die ungefähr der Unterscheidung 'elaboriert' und 'restringiert' (BERNSTEIN 1964) entspricht, kommt Deborah TANNEN zu folgendem Schluß: "In the autonomous or literate-based mode, the content and verbal channel are elaborated, while the oral-based strategy elaborates paralinguistic channels and emotional or interpersonal dynamics" (TANNEN 1982c). In einem anderen Aufsatz, in dem sie den Mythos von den getrennten Strukturen weiter entmythologisiert, schreibt sie: "Spoken discourse establishes cohesion through paralinguistic features, whereas written discourse does so through lexicalization" (TANNEN 1982e).

Mit dieser Kontinuitäts- oder Kohäsionshypothese ist der (derzeitige) Endpunkt der sprachwissenschaftlichen Theorieentwürfe zum Verhältnis 'mündlich : schriftlich' erreicht. Es konnten unterschieden werden:

1. **Identitätshypothese**

   Gesprochene und geschriebene Sprache sind identisch;

2. **Dominanzhypothese (bzw. Defizithypothese)**

   a) Dominanz der gesprochenen = Defizienz der geschriebenen Sprache,

   b) Dominanz der geschriebenen = Defizienz der gesprochenen Sprache;

3. **Differenzhypothese**

   Zwei getrennte, autonome Struktursysteme;

4. **Kohäsionshypothese**

   Kontinuierlicher Übergang bzw. Zusammenhang von gesprochener und geschriebener Sprache.

1.2 Sprechkultur und Schriftkultur

Im vorigen Kapitel war an einigen Stellen vom "linguistischen bias" die Rede, vom linguistischen Vorurteil, oder vom 'bias of language', vom Vorurteil der 'geschriebenen Sprache' - so ist OLSON (1977) wohl zu verstehen. Im ersten Fall ist ein Vorurteil gemeint, dem vor allem Sprachwissenschaftler ausgeliefert sind, im zweiten eines, dem sich kaum jemand entziehen kann, der/die in einer 'Schriftkultur' lebt (vgl. GOODY 1968, 1980).

Wie kommt das, obwohl doch allen 'ohrenfällig' ist, nicht nur daß auch in schriftgeprägten Gesellschaften gesprochen wird, sondern mehr noch, daß Entscheidendes gesprochen wird (vgl. BASSO 1974, HYMES 1974, BRIGHT 1982). Es gibt auch in Schriftkulturen Sprechkulturen, denn mit dem Entwickeln oder Übernehmen einer Schrift hört das Sprechen nicht auf. "Oral expression can exist and mostly has exist without any writing at all, writing never without orality" (ONG 1982). Nur wenn das Sprechkulturelle in Schriftkulturen ignoriert oder pejorativ besetzt wird - genau dies ist die erwähnte Vorurteiligkeit - dann entsteht der Eindruck von der Dominanz des Schriftkulturellen. "Es ist im Grunde irreführend, zwischen 'mündlichen' und 'schriftlichen' Kulturen zu unterscheiden, statt zwischen mündlichen Kulturen mit und solchen ohne Schrift" (KLEIN 1985).

Mit großer Wahrscheinlichkeit haben Menschen vor vielleicht fünftausend Jahren angefangen, Schriftzeichen zu benützen. Wieviel hunderttausend Jahre vorher sie bereits gesprochen haben, liegt im geschichtlichen Dunkel. Aber alles, was über den Zusammenhang von Menschwerdung und Sprachentwicklung vermutet oder erforscht wurde und wird, geht aus von der 'oral-aural' Verständigung der in Gruppen zusammenlebenden Menschen. Wenn dabei überhaupt die Bezeichnung 'Menschen' verwendet wird, dann weil es sich um Lebewesen handelt, die gekennzeichnet sind als Miteinandersprechende. Sprechende Lebewesen (zoon logon echon, ARISTOTELES) sind es als vergesellschaftete (zoon politikon). "Der Mensch ist nur Mensch durch Sprache; um aber die Sprache zu erfinden, müßte er schon Mensch sein" (HUMBOLDT). Schon in HUMBOLDTs früher Sprachdialektik ist Sprache keine individuelle Erfindung - wie er sagt "des verinselten Menschen" - sondern immer "gemeinschaftliches Sprechen". Durch Jahrtausende hindurch wurden ausschließlich auf mündlichem Wege Arbeiten koordiniert, Recht gesprochen, Eide geleistet, Götter angerufen, miteinander gefeiert; wurden Mythen nahezu unverändert überliefert und von Heldentaten erzählt. Noch die homerischen

Epen stammen aus der schriftlosen Zeit, ebenso die ionische Naturphilosophie und die rednerische Unterweisung durch Wanderlehrer, die sich später 'Sophisten' nannten (vgl. LENTZ 1982). Im 'Phaidros' entwickelt PLATON, besser: sein nichtschreibender Lehrer SOKRATES, Einwände gegen die Schrift, und schreibend warnt PLATON im VII. Brief vor den Gefahren "der Profanierung der höheren Wahrheiten durch die Schrift", der er selber den Kern seiner Lehre nie anvertraut habe. Erst in unserer Zeit entwickelt sich eine Vorstellung davon, welchen Einschnitt es für die Griechen im 8./7. vorchristlichen Jahrhundert bedeutet haben muß, als sie lernten, eine Schrift, eine Vokale und Konsonanten umfassende Buchstabenschrift, zu gebrauchen. Es wird die Meinung vertreten (ONG 1982, SCHLAFFER 1986), daß wir uns heute mit den Auswirkungen jenes Umbruchs auf die Menschen beschäftigen, weil der Gedanke an das mögliche Ende der Epoche der Schriftkultur einige Leute aufgeschreckt habe (vgl. Schlußkapitel dieser Arbeit).

Aufgeschreckt wurden und werden vor allem diejenigen, die 'der Segnungen der Schrift teilhaftig' sind. Sie nützen den externen Speicher, erweitern so ihr subjektiv begrenztes Gedächtnis, entlasten ihr Gehirn, können sich vom unmittelbaren Andrang einer Situation distanzieren, bewahren das Distanzierte raum- und zeitunabhängig auf zu eigener oder fremder Verfügung, können 'vorwärts und rückwärts' schlußfolgernd denken und sich mit den verbreiteten Denkergebnissen anderer beschäftigen. Können dies, so mag gefragt werden, in einer literaten Gesellschaft nicht alle Menschen?

Zunächst konnten nur vorwiegend die Freien, die liberi, auch literati werden. Dadurch wurde die Gefahr der Profanierung auf eine literarisierte Elite begrenzt. Später hat der Buchdruck diese Begrenzung nachhaltig gestört. Die in den verschiedenen Bereichen Mächtigen reagierten mit Zensur, Indizierung, einem Pflichtlektürekanon. Ob mit der Einführung der allgemeinen Schulpflicht tatsächlich eine allgemeine Lesefähigkeit - oder blieb es eine 'Entzifferungsfähigkeit'? - sich entwickelt hat, mag nicht nur angesichts der steigenden Zahl von Sekundär-Analphabeten bezweifelt werden. "In allen Gesellschaften, die durch eine religiöse Literalität ausgezeichnet sind und über eine alphabetische Schrift verfügen, findet sich eine steile Bildungspyramide" (GOODY 1986). Während in Europa bis ins 18. Jahrhundert hinein "die große Mehrheit des Volkes, einschließlich seiner Aristokratie in einer mündlichen Kultur" (SCHLAFFER 1986) lebte, pflegten die religiösen und gelehrten Eliten das Latein, sogar in 'Wort und Schrift'.

Die verwendeten Vergangenheitstempora könnten darüber hinwegtäuschen, daß sich an diesem Verhältnis wenig geändert hat, wenngleich es mit Ausnahme weniger akademischer Berufe kaum noch um das Latein als zweite Sprache geht. Der Unterschied zwischen sog. 'Schriftdeutsch' und den 'Dialekten' (KNOOP 1978) scheint vergleichbar exklusiv und exkludierend. Die "Fremdsprache Hochdeutsch" wird noch heute weithin gelehrt wie ein 'anderes Latein' und dementsprechend unentwickelt ist ihre aktive und passive Präsenz (AMMON 1973). Folglich leidet auch das systematische Erlernen einer anderen Zweitsprache, sofern es überhaupt je nach Schultyp vorgesehen ist, unter dieser eigensprachlichen Diglossie. Wenn nun die eine der beiden 'Glossien' illiterat, nicht schreibfähig, ist, dann bleiben auch viele Lernende illiterat.

Freilich sind auch 'illiterate', d.h. die in einer Schriftkultur lebenden, aber nicht oder kaum Schreib- und Lesefähigen nicht 'primär' Mündliche im Vergleich mit jenen, die in mündlichen Kulturen ohne Schrift leben. Insofern sind "individuals and groups ... not either oral or literate" (TANNEN 1982e), die Schreibeliten beanspruchen ohnedies beides zu sein. Wenn aber die medienvermittelten Formen des 'Sprachgebrauchs' weiter zunehmen, nicht die der print-Medien, sondern der elektronischen Hör- und Seh-Medien, dann entsteht eine "sekundäre Oralität". "The electronic age is also an age of 'secondary orality', the orality of telephones, radio, and television, which depends on writing and print for its existence" (ONG 1982). Es scheint, als verschärfe sich das Problem, als verbreitere sich die Kluft, die ja keineswegs nur eine zwischen Schreiben und Sprechen ist, sondern - wie andere meinen - auch eine der Denkweisen bis hin zum Nebeneinander von 'logischem' und 'nicht-logischem' Denken (GOODY/WATT 1986). Die im Fernsehzeitalter anwachsende Zahl der funktionalen Analphabeten und die Zunahme der sekundären Oralität bedeuten nicht dasselbe. Es wäre ein verhängnisvoller Irrtum anzunehmen, daß die Nicht- oder Kaum-Schreib-Lesefähigen deshalb schon eine entwickelte Mündlichkeit hätten, daß sie imstande wären, 'oral zu denken'.

Was Walter ONG von mündlichen Darstellungen schreibt, könnte auch für orales Denken gelten: es sei eher additiv als subordinativ; redundant, nicht ökonomisch; konservativ, nicht innovativ; anthropomorph, nicht begrifflich; sinn-konkret, nicht abstrakt; empathisch, nicht distanzierend; situationsbezogen, nicht kategorial; personal, nicht sachlich; mythisch, nicht historisch (ONG 1982). Ob diese ONGschen 'Paare' im einzelnen richtig sind, mag dahingestellt bleiben, wichtig ist die Tatsache, daß sie versuchen, eine Veränderung zu beschreiben. Es könnte angebracht sein, sich beim Beschreiben der wahrnehmbaren Veränderungen zu bescheiden. Es könnte aber auch angebracht sein, zu versuchen, die Veränderungen zu beeinflussen. Das könnte sogar erforderlich sein, wenn sich herausstellt, daß es gar nicht mehr nur um das Verhältnis 'mündlich : schriftlich' geht, sondern um das Schicksal von Menschen: Um die Zukunft der miteinanderlebenden Menschen in den Möglichkeiten der politischen Verfaßtheit, die diese Zukunft eroder verwirkt. In jedem Fall sind genaue Untersuchungen unerläßlich.

Bei der historischen Folge: primäre Oralität - Literarität - sekundäre Oralität, wäre eine Präzisierung des die okzidentale Kultur seit 2500 Jahren prägenden Mittelstücks hilfreich, um erkennen zu können, was eine sekundäre Oralität bedeuten kann. "That person is literate, who, in a language he speaks, can read and understand everything that he would have understood if it had been spoken to him; can write, so that it can be read, everything he can say" (GUDSCHINSKY 1974). Diese Definition von Sarah GUDSCHINSKY gründet erstaunlicherweise das Leseverstehen auf nichts als das Hörverstehen (understood if it had been spoken), und die Fähigkeit zur schriftlichen Äußerung auf die sprecherische Darstellungsfähigkeit (write - everything he can say). Das allerdings sind allgemeingültige Schulforderungen und keine Besonderheiten der Literarität. Was SCRIBNER und COLE gegen GOODY, WATT, ONG und OLSON einwenden, trifft auch hier zu, es geht in dieser Definition nicht um die Besonderheiten von 'literacy' oder 'writing', sondern lediglich um den Effekt von 'schooling' (SCRIBNER/COLE 1978a/b). Allerdings - und auch das ist nicht zu übersehen - sind es die Effekte von 'schooling' in einer Schriftkultur. Von einem derartigen Ansatz aus lassen sich weder die Wirkungen von Literarität begreifen oder die der Schriftkultur, in der wir alle befangen sind, noch die Wirkungen perennierender Sprechkultur. "We are so literate that it is very difficult for us to conceive of an oral universe of communication or thought except as a variant of a literate universe" (ONG 1982).

Deshalb ist es schwierig zu erkennen, daß die Schriftkultur die Sprechkultur zwar verändert, aber nicht verdrängt hat, wenn auch beide im Laufe der letzten 2500 Jahre unterschiedlich gewichtet worden sind. Zur 'Schriftkultur' gehören Hoch- und Trivialliteratur, Bibel und Bordbuch, Gesetz und Akten, Formular und Plakat, Traktat und Tagebuch, Brief und Urkunde, Fahrplan und Dienstvorschrift, Kochbuch und Partitur. Zur 'Sprechkultur' gehören Unterhaltung und Beratung, Predigt und Vorlesung, Verhör und Urteil, Segen und Fluch, Gespräch und Rede, Bericht und Befehl, Lob und Eid, Geschwätz und Verhandlung, Taufe und Versprechen, Witz und Warnung. Schon diese wenigen 'forms of talk' (GOFFMAN 1981) und 'forms of the written' zeigen, wo, bei aller Verschiedenheit - zumal in der 'Materialisierung' -, Übergänge und Gemeinsamkeiten liegen, selbst dort, wo sie im Wandel der sozialen und politischen Bedingungen kaum noch erkennbar sind. So kommt es, daß zwischen den Eckpunkten mündlicher Mündlichkeit und schriftlicher Schriftlichkeit sich unterschiedlich 'paradoxe' Zwischenstufen finden.

In literarisierten Gesellschaften sind folglich - besonders bei den literati, aber nicht nur bei ihnen - in schriftlichen, sogar in literarischen Äußerungen Formen aus mündlichen, rhetorischen Diskursen zu finden, wie umgekehrt in den Formen rhetorischer Kommunikation Formen schriftsprachlicher oder literarischer Darstellungsarten. Es werden also unterschiedliche Grundfähigkeiten, unterschiedliche 'Kompetenzen' vollzogen. Der Kompetenzbegriff hat sich außerhalb der CHOMSKY-Schule schon längst von der 'linguistischen' zur 'kommunikativen' Kompetenz entwickelt. Doch selbst 'kommunikative Kompetenz' kann nicht länger - wie noch bei HABERMAS - bei der Transformation von 'Sätzen in Äußerungen' stehenbleiben (GEISSNER [2]1988). Kommunikative Kompetenz, so redefiniert GUMPERZ, umfaßt "the knowledge of linguistic and related communicative conventions that speakers must have to initiate and sustain conversational involvement." Er fährt fort: "Conversational involvement is clearly a necessary precondition for understanding" (GUMPERZ 1982). Gespräch und Verstehen sind hier die entscheidenden Bestimmungsmerkmale kommunikativer Kompetenz. Deshalb verwende ich dafür seit längerem den Ausdruck 'Gesprächsfähigkeit'. Dies übrigens auch in Übereinstimmung mit WYGOTSKI: "Die geschriebene Sprache ist eine Sprache ohne Gesprächspartner ... Nur in der mündlichen Sprache ist ein Gespräch möglich" (WYGOTSKI 1934/1971).

1.3 Sprechwissenschaftlicher Ansatz

Die gerade zitierten Meinungen WYGOTSKIs über die Mündlichkeit des Gesprächs und John GUMPERZ' Redefinition von 'kommunikativer Kompetenz' stehen meiner Grundlegung der "Sprechwissenschaft" als "Theorie der mündlichen Kommunikation" sehr nahe.

Im Trubel, in den die Begriffe 'Kompetenz' und 'Performanz' während der siebziger Jahre geraten waren - Utz MAAS nannte sie schon 1974 'Schibboleth' - suchte ich beide zu vermeiden. Seither verwende ich statt 'Kommunikative Kompetenz' - wie gesagt - wieder wie früher den Ausdruck 'Gesprächsfähigkeit'. Was bedeutet das? "Gesprächsfähig ist, wer im situativ gesteuerten, persongebundenen, sprachbezogenen, formbestimmten, leibhaft vollzogenen Miteinandersprechen - als Sprecher wie als Hörer - Sinn so zu konstituieren vermag, daß damit das Ziel verwirklicht wird, etwas zur gemeinsamen Sache zu machen, der zugleich imstand ist, sich im Miteinandersprechen und die im Miteinandersprechen gemeinsam gemachte Sache zu verantworten" (GEISSNER [2]1988).

Aus dieser dialogischen Fundierung der Sprechwissenschaft ergeben sich einige Konsequenzen für die gegenwärtige Problemstellung:

1. Sprechwissenschaft hat es nicht vorrangig mit der gesprochenen 'Sprache' zu tun, sondern mit dem sprachbezogenen und formbestimmten Miteinandersprechen. (Gesprochene 'Sprache' wird im Miteinandersprechen aktualisiert, sie ist aber nicht das Gespräch.)

2. Sprechwissenschaft hat es nicht vorrangig mit sprechenden Individuen zu tun, sondern mit miteinander sprechenden, d.h. vergesellschafteten Menschen in ihren sozialen Situationen. (Niemand wird als Individuum gesprächsfähig.)

3. Sprechwissenschaft hat es nicht vorrangig mit den leibhaften (physiologischen, phonetischen, akustischen) Voraussetzungen zu tun, sondern mit deren Funktion in der wechselseitigen Sinnkonstitution. (Die leibhaften Ausdrucks-Eindrucks-Faktoren haben isoliert keine Funktion, sondern nur im kommunikativen Miteinander.)

1.3.1 Miteinandersprechen, d.h. die korreflexive Beziehung zwischen Sprechenden und Hörenden, ist die Weise, in der 'Sprache' gesellschaftlich praktisch wird. Es ist die phylo-, onto- und aktualgenetisch entscheidende Vollzugsform von 'Sprache', quantitativ und qualitativ.

Wenn 'Vollzugsform' gesagt wird, dann verweist dies in das Begriffsfeld von 'Performanz'. Performanz bedeutet nicht Anwendung oder Verwendung, Aufführung oder Präsentation, sondern den prozeßhaften Vollzug, in dem "etwas vortrefflich gestaltet, etwas zur Vollendung" gebracht wird (GEISSNER 1985b, CONQUERGOOD 1977). Die Prozessualität im Miteinander des Sprechens und Hörens, seine interpersonale Wechselseitigkeit (Reziprozität), ist ein wesentliches Bestimmungsmerkmal des Mündlichen im Verhältnis zum Schriftlichen. Darauf wird gleich näher eingegangen (1.3.2). Zuvor aber geht es um den Bezug des Miteinandersprechens zur Sprache.

Wird nicht das "mumienartig" Aufbewahrte oder dessen Anatomie, werden nicht die Sektionsergebnisse, also Wörterbuch und Grammatik, "totes Machwerk wissenschaftlicher Zergliederung" (HUMBOLDT) als die Sprache genommen, dann ist Sprache primär im Miteinandersprechen, im Gespräch. Erst sekundär ist sie auch im Geschriebenen. Wörterbuch und Grammatik sind in den Köpfen, ohne daß ein Bewußtsein davon vorhanden ist, noch vorhanden sein müßte: Das im sozialen Handeln kommunikativ Gelernte wird in vergleichbaren oder neuen Situationen kommunikativ vollzogen, um sozial handeln zu können.

Wird 'gesprochene Sprache' dennoch zum Gegenstand, dann nicht im Unterschied zu Sprache überhaupt, sondern im Gegensatz zu der wissenschaftlich beschriebenen und schulisch vorgeschriebenen 'geschriebenen Sprache'. Allerdings verleitet der linguistische bias dazu, diese geschriebene Sprache mit 'der' Sprache gleichzusetzen. An dieser pars-pro-toto-Annahme ist auf seine Weise SAUSSURE nicht 'unschuldig'. Wenn er einer 'linguistique de la langue' eine 'linguistique de la parole' als das Wichtigere entgegenstellt, die zweite aber (einmal unterstellt, der parole-Begriff wäre stimmig) nicht ausarbeitet, dann fällt er dem üblichen Vorurteil anheim. LOMMELs (1931) Übersetzung des 'Cours' hat das Mißverständnis noch gefördert, Sprechwissenschaft sei eine Wissenschaft der 'parole' als der Wissenschaft der gesprochenen 'langue'. Weder SAUSSURE noch sein sprachwissenschaftlicher Übersetzer kamen auf den Gedanken, nach der Beziehung zwischen 'parole' und der zugrundeliegenden, allgemeinen Sprachfähigkeit, dem 'langage', zu fragen - wie Norbert GUTENBERG nachgewiesen hat (GUTENBERG 1981). Erst eine "parole du langage" läßt sinnvoll nach dem Verhältnis von Sprach- und Gesprächsfähigkeit fragen, genauer: nach der Sprachfähigkeit als Gesprächsfähigkeit und nach ihrem Vollzug im aktuellen Miteinandersprechen (GEISSNER [2]1988).

Die Suche beispielsweise nach semantischen und syntaktischen Besonderheiten, die der gesprochenen 'Sprache' eignen (eben doch wieder auf der unvermeidlichen Folie der geschriebenen 'Sprache'), sind im einzelnen nützlich, bleiben aber dem skizzierten Problemverständnis im ganzen äußerlich. So spannend es auch sein mag, Unterschiede zwischen 'Grammatikalität' und 'Kommunikativität' aufzudecken (GEISSNER 1986a), prinzipiell betrachtet ist dieser Unterschied wenig erheblich, weil es auf Grammatikalität im Sinne von 'Korrektheit' weit weniger anzukommen scheint. Ein sozialpragmatisches Verständnis setzt andere Akzente.

1.3.2 Sprechwissenschaft hat ihr Fundament im Gespräch; denn Gespräch ist strenggenommen "nur mündlich möglich" (WYGOTSKI 1934). Erst "im Gespräch, also in der Ausübung der Verständigung", ist Sprache; denn sie ist wesentlich "Sprache des Gesprächs", die "durch den Vollzug erst ihre Wirklichkeit" schafft, folglich als "bloßes Mittel der Verständigung" mißverstanden wäre (GADAMER 1960).

Die wechselseitige Verständigung ist nicht, schon gar nicht ausschließlich, das Produkt des Austauschs sprachlicher Mittel, von Wörtern in Sätzen also, wenngleich Sprechen, in welcher Form auch immer, nicht 'sprachfrei' ist. Dennoch ist es immer das Nicht-Semantisierbare und Nicht-Syntaktisierte personaler Beziehungen im situativen Kontext, das jenes 'Zwischen' eröffnet oder verschließt, in dem es möglich wird, "sich" und "sich über etwas" zu verständigen (GEISSNER 1968). Statt auf die interpretationsbedürftige alte Formel 'communicare est participare' (vgl. GEISSNER 1988b) greife ich abkürzend zurück auf die in der "Sprechwissenschaft" gegebene Definition: "Gespräch, als Prototyp der mündlichen Kommunikation, ist als mündliche Kommunikation die intentionale wechselseitige Verständigungshandlung mit dem Ziel, etwas zur gemeinsamen Sache zu machen, bzw. etwas gemeinsam zur Sache zu machen" (GEISSNER [2]1988).

Der Versuch, durch Sich-Verständigen etwas zur gemeinsamen Sache zu machen, wird mündlich vor allem vollzogen in Gesprächen, aber nicht ausschließlich. In verschiedenen Situationen wird es erforderlich, zu anderen zu sprechen statt mit anderen (Anzahl der Zuhörenden; begrenzte Zeit; Informationsgefälle usw.). Es hat den Anschein, als wechselten die Formen des Sprechens vom 'Dialogischen' zum 'Monologischen'. Der Schein trügt: Primat und Priorität hat und behält das Gespräch vor der Rede. Dies war bekanntlich schon die Auffassung, die ARISTOTELES vertrat; denn die Theorie des lehrhaften Streitgesprächs ('Dialektik') hat den Primat, dem sich als "korrespondierendes Gegenstück" die Theorie der zusammenhängenden Rede (Rhetorik) zugesellt.

Unterschiedlich sind weniger die Formen der Darbietung als die vollzogene Dialogizität. Deshalb ist es angemessen, den FORMEN DES GESPRÄCHS als aktuell dialogischen, die FORMEN DER REDE als virtuell dialogische gegenüberzustellen (GEISSNER 1973). Zum 'universe of discourse' gehören - wie im Englischen und Französischen, so auch im Deutschen - sämtliche 'forms of talk' (GOFFMAN 1981), Gespräch und Rede. Zwar sind in Gesprächen, gleich welcher Art, schriftliche Vorausplanungen unwahrscheinlich und, falls vorhanden, meist unerheblich, aber im schriftkulturell geprägten Umfeld sind auch Gespräche nicht irrtümlich 'schriftfrei'. So erfreulich es ist, daß in den letzten Jahren von verschiedenen theoretischen Ansätzen aus Gespräche untersucht werden, es wäre ein Irrtum anzunehmen, damit 'die' gesprochene Sprache zu erforschen oder ursprüngliche 'natürliche' Kommunikation. Die zweite, die vergesellschaftete Natur läßt in einer verschrifteten Kultur keinen ursprünglich 'natürlichen' Freiraum des Mündlichen. Mündliches gibt es nur zusammen mit Schriftlichem. Deshalb ist das Verhältnis von Mündlichem und Schriftlichem zu untersuchen, sowohl in Gesprächen als auch in Reden.

1.3.3 Der sprechwissenschaftliche Ansatz beim Gespräch - und das heißt nach der hier vorgetragenen Argumentation beim Mündlichen - bringt Sprechwissenschaft definitorisch in einen Gegensatz zum Schriftlichen. Wie aber sieht der Gegensatz nicht definitorisch, sondern praktisch aus? Außerhalb gesellschaftlicher Formen reiner oder primärer Oralität sind Mündliches und Schriftliches vielfältig ineinander vermittelt. Vermittelt sind im Ganzen - wenn auch diachronisch betrachtet auf verschiedene Weise - Sprechkultur und Schriftkultur. Dabei ist zu fragen, ob es nicht in beiden Hinsichten richtiger wäre, den Plural zu gebrauchen und von Sprechkulturen und Schriftkulturen zu sprechen, schon deshalb, weil beide jeweils Teil sind von Hochkultur und Alltagskultur (GEERTZ 1973). Hilflos wäre heute der Versuch, mit PLATON gegen schriftliche Veröffentlichungen einzutreten: "Darum ist jeder ernste Mann, der kein Mietling der Wissenschaft ist, weit entfernt, über ernste, hochheilige Gegenstände seine Gedanken durch die Schrift unter der Menschheit zu veröffentlichen und dadurch sie der Schwatzsucht und Herabwürdigung des Pöbels preiszugeben" (VII. Brief). Noch aussichtsloser, weil naiver, wäre freilich der - früher nicht selten unternommene - Versuch, die "reine mündliche Lehre" mit GOETHE zu begründen: "Schreiben ist ein Mißbrauch der Sprache, stille für sich lesen ein trauriges Surrogat der Rede." Abgesehen davon, daß sich bei GOETHE auch gegenteilige Äußerungen finden lassen, die samt und sonders im Zusammenhang zu interpretieren wären, auf derlei Meinungsäußerungen läßt sich keine Wissenschaft gründen. Losgerissene Zitate sind ein "trauriges Surrogat" der Theorie. Wer Unterschiede und Gemeinsamkeiten von Mündlichem und Schriftlichem untersuchen will, wird fehlgehen, wenn er/sie beide reduziert auf "the stream of air or the stream of ink" (ULDALL 1944) oder wer die Psychomotorik von Sprechen und Schreiben für "Sprech- und Schreibwissenschaft" hält (GRÜNEWALD 1957). Das zu untersuchende Mündliche besteht weder nur aus 'Luftstrom', so wenig wie das Geschriebene aus 'Tinte' bzw. Druckerschwärze; und es genügt in beiden Fällen nicht, die psychophysiologischen und/oder psychomotorischen Abläufe zu untersuchen, um zu den 'essentials' zu kommen; denn die liegen in den Bedingungen der wechselseitigen Sinnkonstitution im Miteinandersprechen.

Ich möchte hier nicht wiederholen, was schon vorher oder früher über Unterschiede und Gemeinsamkeiten von Mündlichem und Schriftlichem, von "rhetoricity and literarity" (GEISSNER 1982b) gesagt wurde. Wichtiger scheint es mir, an dieser Stelle noch einmal auf die Übergangsformen, auf die Vermittlungen hinzuweisen.

Auf der einen Seite gibt es verschiedene Formen **mündlich geprägter Schriftlichkeit** (z.B. Protokolle, Redemitschriften der verschiedensten Art, Stenogramme, Briefe, Dialogstellen in Märchen, Romanen, Dramen, Hörspielen, Filmen); auf der anderen Seite verschiedene Formen **schriftgeprägter Mündlichkeit** (z.B. Vorlesungen, Reden der verschiedensten Art, Ansprachen, Diktate, Urteilsverkündungen, Nachrichten, Aufführungen von Dramen, Hörspielen, Filmen usw. und alles, was sich lesen läßt).

Im Zusammenhang seiner Untersuchung von Bundestagsreden gibt Helmut HEINZE folgende Skizze (HEINZE 1979):

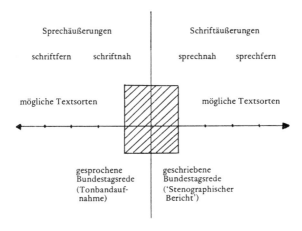

An einer späteren Stelle (2.1) werde ich mich kritisch mit diesem Ansatz auseinandersetzen. Hier soll die Skizze lediglich helfen, den vorher dargestellten Unterschied zu verdeutlichen.

Bei den Vermittlungsformen von Mündlichem und Schriftlichem kam dem Vorgelesenen und Vorlesbaren eine besondere Rolle zu. Vorlesen und Vortragen von

Dichtung - seit alters ein bevorzugtes Feld sprechwissenschaftlicher Studien (DRACH 1926) - bringen die beidseitigen Einflüsse deutlich zum Vorschein. Die Schriftlichkeit des Textes, oft sogar seine Schrift- oder Druckgestalt, beeinflussen die Sprechgestaltung, die ihrerseits nicht zurückwirkt auf das materielle Substrat des geschriebenen oder gedruckten Textes, auf seine 'Grafik'. Prinzipiell ist freilich auch dies möglich, wie z.b. die Simultangedichte der Daddaisten zeigen, oder das allmähliche Verfertigen einer spielbaren Fassung in gemeinsamer Probenarbeit, sei es auf der Bühne oder im Tonstudio.

Allerdings bedeutete es eine erhebliche Verkürzung des Problems, wenn Vorlesen wieder und vor allem im Zusammenhang mit literarischen Texten bedacht wird. Vorgelesen werden Ausschnitte aus Briefen oder Zeitungen im Familienkreis, Aufsätze oder vergleichbare Elaborate im Unterricht, Referate in Seminaren, Ansagen auf Bahnhöfen, in den Telefonauskunftsdiensten, Nachrichten in Hörfunk und Fernsehen; Protokolle in Sitzungen und Verhandlungen, Anträge in satzungsgeregelten Verhandlungen, religiöse Texte in Gottesdiensten, Gesetzespassagen bei Gericht, Begründungen in Urteilsverkündungen, Vereinbarungen vor z.b. notarieller Beurkundung, Texte aller Art im Fernsehen vom 'Teleprompter', Erklärungen und Beschreibungen bei Besichtigungen (durch Laien, im Unterschied zu den 'Reden' der Profi-Fremdenführer). Wer all diese Formen alltäglichen privaten und institutionellen Vorlesens bedenkt, der wird folgern, daß vorgelesene 'schöne' Literatur weder quantitativ den Ausschlag gibt, noch in ihrer sozialen Bedeutung.

Die Auflistung der Vorlesefälle kann noch etwas anderes deutlich machen. Die meisten der genannten Sorten können mündlich und schriftlich kommuniziert werden, weil sie mehrheitlich als 'Texte' konzipiert werden. Unter Text wird hier das absichtlich für dauerhafte Wirkungsmöglichkeiten Produzierte verstanden. All jene Sprechhandlungen dagegen, die mit dem Erreichen der Verständigung in der konkreten sozialen Situation ihr Ziel erreicht haben, sind keine Texte im strengen Sinn. Dies wurde schon früh unterschieden (BÜHLER 1934, WINKLER [2]1969, GEISSNER 1981). Norbert GUTENBERG gab den Sprechhandlungen der zweiten Art die Bezeichnung "transitorisch" (GUTENBERG 1981). Es scheint nicht sinnvoll, 'sprachwerkerzeugende' und 'transitorische' Sprechhandlungen unter einem Textbegriff zu subsumieren, damit ginge ihre spezifische Differenz verloren.

Freilich können auch 'transitorische' Sprechhandlungen dokumentiert und nachträglich als 'abgelöste Sprachwerke' analysiert werden. Stenogramm, Tonband- oder Videoaufnahmen sind Dokumentationsmöglichkeiten von allerdings unterschiedlicher 'Reichweite'. Für eine Untersuchung des Verhältnisses 'mündlich : schriftlich' wäre deshalb eine Sprechhandlungsform besonders geeignet, die alltäglich sowohl transitorisch als auch 'getextet' vorkommt; für eine sprechwissenschaftliche Analyse wäre es überdies vortrefflich, wenn die 'getextete Form' auf zweifache Weise kommuniziert werden könnte, 'gelesen' und 'vorgelesen'.

1.4 Vorläufige Bestimmung eines Untersuchungszieles

Wenn deutlich werden konnte, daß in Schriftkulturen jede Form gleichzeitig vorhandener (und durch Jahrtausende hindurch bestehender) Sprechkultur in irgendeiner Weise von Schriftlichkeit geprägt ist, daß umgekehrt Schriftkultur immer wieder unausweichlich, wenn auch auf verschiedene Weise, von Mündlichkeit geprägt ist, dann verbietet sich jede krude Dichotomisierung in 'mündlich' oder 'schriftlich'. Ziel kann es zufolge dieser Voraussetzungen nur sein, Differenzen in einem Kontinuum von schriftloser Mündlichkeit und absoluter Schriftlichkeit zu erkennen und zu verstehen.

Das zweite Glied der voranstehenden Bestimmung zeigt noch einmal das Problem, denn die einfache Umkehrung des Begriffs "schriftlose Mündlichkeit" ist schlechterdings unmöglich. Was aber wäre statt 'absoluter Schriftlichkeit' zu sagen? Weder "sprecherlose Schriftlichkeit" trifft zu noch "hörerlose Schriftlichkeit", impliziert doch Schriftlichkeit immer und unvermeidlich das 'vorab und zuerst' von Mündlichkeit (von den pathologischen Rändern, z.B. totaler Gehörlosigkeit, einmal abgesehen). Bis in den subliminalen Vollzug der segmentalen und prosodischen Gliederungseinheiten beim stillen Lesen zeigen sich Vorrang und Einfluß des Mündlichen.

Von da aus wäre auch die Bezeichnung 'schallfreie' Schriftlichkeit unsinnig; ganz abgesehen davon, daß mit der Verwendung des physikalischen 'Schall'-Begriffs der Unterschied tatsächlich reduziert wäre auf den von 'Luftstrom' und 'Tintenstrom'. Diese Reduktion läßt sich auch nicht durch den mühsamen Versuch aufhalten, statt von 'Schall' von "Sprechschall" zu sprechen (GUTENBERG 1983, 1984). Mit diesem Ausdruck läßt sich zwar der mit Hilfe der Sprechorgane erzeugte Schall von den hörbaren Erzeugnissen anderer Schallquellen (Verdauungs-

'geräusche', Geige, Hupe, Düse, Kanone usw.) unterscheiden, aber der Bereich des Physikalischen und Physiologischen wird nicht verlassen. Dadurch besteht die Gefahr, daß ein - gerade überwundenes - reduktionistisches Verständnis von 'Sprechen' reaktiviert wird. Nicht reduktionistisch ist nur ein Begriff von Sprechen als Miteinandersprechen. Nur er umfaßt die wechselseitigen Sprech-Hörhandlungen vergesellschafteter Subjekte im Kontext ihrer durch soziale Tätigkeiten bestimmten Kommunikationssituationen (GEISSNER [2]1988).

Von diesem prototypischen dialogischen Miteinandersein im gesellschaftlichen Handlungszusammenhang kann Schriftlichkeit nicht spurlos abstrahieren, weder beim Schreiben (den Schreibenden) noch beim Lesen (den Lesenden). Im entgegengesetzten Fall, der schriftlosen Mündlichkeit, handelt es sich nicht um einen vergleichbaren Abstraktionsprozeß, sofern Sprechende und Hörende sich verständigen können, ohne 'Spuren' der Schriftlichkeit aktivieren zu müssen. Wenn also die spezifische Differenz im Kontinuum untersucht werden soll, besser: 'die spezifischen Differenzen', dann sollte der Begriff 'Kontinuum' nicht dazu verleiten, eine einfache Skala zu erwarten nach dem Muster (vgl. HEINZE 1979):

| absolut mündlich | sprechnah schriftlich | mündlich/ schriftlich | schriftnah mündlich | absolut schriftlich |

Es ist vielmehr zu erwarten, daß es komplexe Formen der Vermitteltheit in diesem Kontinuum gibt, die sich der bildlichen Darstellung mit Hilfe einer skalierten Geraden entziehen. Der Bereich des Mündlichen ist in jedem Fall größer als der des Schriftlichen, er ist zugleich umfassender. Die folgende Skizze versucht, dies zu verdeutlichen:

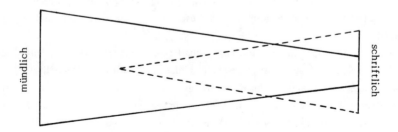

Das geschilderte erkenntnisleitende Interesse, spezifische Unterschiede im Kontinuum 'mündlich : schriftlich' zu untersuchen, ist gekoppelt mit einem unmittelbar handlungsleitenden Interesse. Wenn es nämlich spezifische Unterschiede zwischen 'Mündlichkeit' und 'Schriftlichkeit' gibt, wenn Mündlichkeit und Schriftlichkeit unterschiedlichen Weisen des Zusammenlebens entsprechen, wenn sie unterschiedliche Wege des Sich-Verständigens eröffnen, wenn gleichzeitig alle Angehörigen einer Sprachgemeinschaft nicht nur einer, sondern mehreren Sprechgemeinschaften ('speech communities', HYMES 1979) angehören, wenn zudem manche Menschen zwar in verschiedenen Sprech-Hör-Gemeinschaften, aber in keiner Schreib-Lese-Gemeinschaft heimisch sind oder werden konnten (sollten?), dann sind auf verschiedenen Ebenen eingeschliffene Verfahren zu befragen. Das gilt für die Sprachdidaktik allgemein, im deutschen Sprachgebiet für die Deutschdidaktik im besonderen, sowohl mit Eigensprachlichen als auch verstärkt mit fremdsprachlichen Lernern; das gilt für die Sprechdidaktik, sowohl in der "höheren Leselehre" als in der Gesprächs- und Redeerziehung; das gilt schließlich in den Hör- und Sehmedien für das Formulieren sprech- oder vorlesbarer 'Texte' für Hörverstehende (!) (vgl. Kap. 5).

Bevor der Untersuchungsgegenstand eingegrenzt und Methoden auf ihre Eignung überprüft werden, scheint es angebracht nachzuschauen, was die Forschung auf dem in Frage stehenden Gebiet bereits erbracht hat.

2. FORSCHUNGSLAGE

Die Frage nach dem Verhältnis 'mündlich : schriftlich' läßt Antworten aus verschiedenen Richtungen zu. So finden der/die, die sich in den Problemzusammenhang hineindenken, Arbeiten vor aus ganz unterschiedlichen Gebieten, z.B. Sprachwissenschaft und Sprachdidaktik; Pragma- und Soziolinguistik; Phonetik und Kommunikationswissenschaften; Ethnographie und Ethnomethodologie; Dialektologie und Sprachpathologie; Wahrnehmungs- und Kognitionspsychologie; Sprechwissenschaft und Rhetorik.

Forschungsberichte liegen vor zur gesprochenen Sprache (RAETTIG 1973, BETTEN 1977/78); zur Kindersprache (HANNIG 1974); zur Unterrichtskommunikation (REDDER 1983); zu speech perception (STUDDERT-KENNEDY 1973); sowie Spezialbiographien, z.B. zur Prosodie (DI CHRISTO 1975), zur Intonationsforschung (MEIER 1984), bzw. noch spezieller zu den temporalen Gliederungsfaktoren des Sprechens (APPEL/DECHERT/RAUPACH 1980), zur Redelehre und Rhetorikforschung (JAMISON/DYCK 1983), sogar speziell zu 'spoken and written language' (LUETKEMEYER/ANTWERP/KINDEL 1984). Diese Hinweise können bereits einen Eindruck von der Vielfalt der Forschungen vermitteln. Sie machen aber zugleich deutlich, daß eine Synopse ungemein schwierig, mir im Rahmen dieser Arbeit unmöglich ist.

Deshalb soll im folgenden lediglich auf vorwiegend empirische Arbeiten verwiesen werden, die sich mit einem Vergleich von mündlichen und schriftlichen Äußerungen befassen. Arbeiten mit detaillierten Fragen zur Grammatik oder zur Unterrichtskommunikation bleiben aus der Betrachtung ausgeschlossen, ebenso solche zur Gesprächsanalyse oder Gesprächstypologie, auch solche, die sich global mit 'der' gesprochenen Sprache beschäftigen oder mit 'der' geschriebenen. Die Untersuchungen, über die berichtet wird, wurden vor allem wegen der in ihnen angewandten Methoden ausgewählt. Die Methoden der 'Datenbeschaffung' (SANKOFF 1974) und der Analyse sind eher vergleichbar und im Hinblick auf meine eigenen Untersuchungen wichtiger. Die inhaltlichen Ergebnisse sind dagegen nur bedingt vergleichbar, nicht nur wegen der Methodendivergenz, sondern auch wegen der Verschiedenheit der Sprachen.

Die Idee, Mündliches und Schriftliches zu untersuchen, ist nicht neu. In den USA suchten Sprechwissenschaftler schon früh Unterschiede zwischen 'speaking and writing' zu ergründen (WOOLBERT 1922, BUSHNELL 1930); sie untersuchten

Besonderheiten des 'oral style' (BORCHERS 1936) oder Methoden, 'spoken English' zu unterrichten (HOWES 1940). Insgesamt suchten sie verläßliche Grundlagen für die Lehrbücher in 'oral composition' (ARNOLD 1965) und 'public speaking'. Die Vielsprachensituation in den Vereinigten Staaten führte zu einer anderen Einstellung zum Sprechen allgemein, zu einer anderen Einstellung zum Rhetorischen insbesondere, denn zu den blutig erkämpften demokratischen Freiheiten gehört als Kernstück 'the freedom of speech'. Die erste 'School of Speech' wurde 1878 an der Universität von Evanston gegründet, seit 1912 ist 'Speech' (heute: Speech Communication) selbständiges Promotionsfach in den Staaten.

2.1 Deutschsprachige Untersuchungen

Im deutschen Sprachgebiet wird - wahrscheinlich mitverursacht durch die politische Lage - ein spezifisches Interesse an Untersuchungen von Gesprochenem erst nach dem zweiten Weltkrieg wach. Allerdings sollten die Ergebnisse der Untersuchungen von Erich DRACH (1926) und die durch ihn angeregten Versuche von PETERS (1924, 1929) nicht vergessen werden, sowie die aus der SIEVERS-Schule stammenden gesprächsanalytischen Ansätze von IPSEN/KARG (1928). Einer der ersten neueren Beiträge stammt von Werner WINTER, interessanterweise aus der Zeit eines Amerikaaufenthaltes (WINTER 1961). Er untersucht die 'relative Häufigkeit syntaktischer Erscheinungen'. Materialbasis für diesen Versuch, Stilarten abzugrenzen, sind literarische und wissenschaftliche Texte "aus der Zeit seit dem Ende des 18. Jahrhunderts". Insoweit könnte die Arbeit, da sie keine mündlichen Zeugnisse verwendet, unerwähnt bleiben, hieße es nicht später, daß "Äußerungen tatsächlich gesprochener Sprache nur zu Kontrollzwecken benutzt werden (konnten)". So interessant einige der gefundenen und quantifizierten Stilzüge auch sind, es muß bezweifelt werden, ob sie hinreichen, zwei weitere primäre Stilformen zu bezeichnen, "das Eigentlich-Gesprochene und das Eigentlich-Geschriebene"; denn es heißt zur Erklärung: "Primär gesprochen wird hier die Sprachform genannt, bei der schriftliche Aufzeichnung oder Imitation gesprochene Sprache darstellt; primär geschriebenes Deutsch hat dagegen keine gesprochene Vorlage, sondern ist als eigenständige Umformung der eigentlichen, gesprochenen Sprache aufzufassen." Dialogpartien in erzählender Prosa oder Bühnenreden können zwar als 'sprechnahe Schreibe' gelten, nicht aber als tatsächlich

Gesprochenes. Einen Vergleich von Mündlichem und Schriftlichem bietet WINTERs Arbeit folglich nicht.

Eine der weithin beachteten Dissertationen wendet sich der Typologie des spontanen Gesprächs zu (ZIMMERMANN 1965), bleibt also außerhalb meines Frageinteresses; eine andere, ebenfalls von Heinz RUPP angeregte Dissertation untersucht "Satzbaupläne in gesprochener Sprache", genauer im Basler Dialekt und der Umgangssprache (JECKLIN 1973). Der Verfasser stützt sich auf Tonbandaufnahmen, sowohl eigene (ohne Wissen der 'Abgehörten' aufgenommene) als aus der "Lautbibliothek der deutschen Mundarten"; er fertigt keine notierten Transkripte an, sondern transliteriert normal-orthographisch, einschließlich der Interpunktion. In dem Methodenkapitel seiner Arbeit erwähnt er zwar auch Ansichten, die einen Zusammenhang zwischen 'Intonation' und 'Satz-Sinn' herstellen, doch er folgert aus der Besprechung eines Extrembeispiels generell: "Sinn- und Intonationseinheit haben sich für unsere Aufgabe als zweifelhaft erwiesen; es bleibt der grammatische formale Aspekt." Ähnlich geht auch JANSEN (1981) vor in seiner Arbeit "Syntaktische Konstrukties in gesproken Taal". Ein unmittelbarer Vergleich von gesprochenen und geschriebenen Äußerungen derselben Personen war nicht vorgesehen; einen Vergleich "zwischen den Satzbauplänen gesprochener und geschriebener Sprache können wir im Rahmen dieser Arbeit nicht leisten" (JECKLIN 1973).

Barbara WACKERNAGEL-JOLLES untersucht "Verknüpfungen" in gesprochener Sprache (1971). Zwar vergleicht auch sie keine mündlichen und schriftlichen Äußerungsformen, aber ihre Arbeit ist methodisch aus zwei Gründen erwähnenswert. Zum einen berücksichtigt sie in den 'Verschriftlichungen' (von 16 Tonbandaufnahmen) auch sprecherische Merkmale (Betonungen, Pausen), zum andern untersucht sie keine Gespräche, auch keine 'Teile' von Sätzen, sondern zusammenhängende Äußerungen, meist eines Sprechers. Die zusammenhängende Äußerung, also eine Form der Rede, gewähre - so argumentiert sie - "dem Sprecher einen größeren Spielraum, Gedanken und Sprechkonzept einander anzupassen. Darüber hinaus ist sie meistens entlastet von deiktischen Elementen, die im Dialog oft eine große Rolle spielen. (...) Die mündliche Rede entsteht also im denksprechenden Handeln, während sie geäußert wird."

Als Grundlage ihrer Arbeit nimmt WACKERNAGEL-JOLLES die Regeln, die Hugo STEGER (1969) aufgestellt hat:

"Als gesprochene Sprache kann nur akzeptiert werden

1. was gesprochen wird, ohne vorher aufgezeichnet zu sein,

2. was gesprochen wird, ohne vorher länger für einen bestimmten Vortragszweck bedacht worden zu sein,

3. (Sprache, die) gesprochen wird, ohne in Vers, Reim, Melodie oder vergleichbar fester Bindung zu stehen,

4. (was) gesprochen wird und im Rahmen des jeweils gesprochenen Sprachtyps als 'normal', d.h. als richtig anzusehen ist."

Die vierte der STEGERschen Regeln sucht WACKERNAGEL-JOLLES von der implizierten Schriftsprachlichkeit zu lösen; sie reformuliert:

"4. was gesprochen wird und vom Hörer ohne Rückfragen verstanden wird."

(WACKERNAGEL-JOLLES 1971)

Freilich wird nicht deutlich, ob sie das Ausbleiben einer Rückfrage als zureichendes Kriterium dafür annimmt, daß die Äußerung verstanden wurde. Dies festzustellen dürfte ohnedies aufgrund von 'Regeln der gesprochenen Sprache' schwierig sein, denn für das Ausbleiben von Rückfragen sind oft soziale Normen wichtiger als sprachliche.

Wenn Schüler mehrere Tage über eine kleine "freie Rede" (zu einem selbstgewählten Thema) nachdenken können, dann ist der Rückgriff auf die zweite der STEGER-Regeln gewagt. Es sei denn, der Untersucher hält sich an die Versicherung der Schüler, sie hätten den Wortlaut ihrer Rede nicht vorbereitet. GRUNDMANN untersucht die Tonbandumschriften dieser Schülerreden (1975). Die Transkripte folgen bis auf Ausnahmen, in denen Intonatorisches berücksichtigt wird, den Regeln von Orthographie und Interpunktion. Aus Stichproben von lexikalischen und syntaktischen Besonderheiten der Schülersprache werden didaktische Konsequenzen abgeleitet. Die Ergebnisse sind in sich wenig konsistent, vor allem aber zu einem Vergleich mit Schriftlichem nicht geeignet.

Obwohl es auch in Christel HÖHNE-LESKAs Arbeit vorrangig um Syntax geht, so verspricht der Titel mit 'statistischen Untersuchungen' nicht nur eine sorgfältige Methode, sondern einen Vergleich von "gesprochener und geschriebener deutscher Gegenwartssprache" (1966/1975). Untersucht werden aus 50 gesprochenen, monologischen und 50 geschriebenen Texten jeweils 100 Satzabschnitte, also keine 'Ganztexte'. Zum Gewinnen monologischer Äußerungen hält Verfasserin Tonbandaufnahmen für angebracht, bei dialogischen Äußerungsformen wären Filmaufnahmen erforderlich. Methodisch ist - abgesehen von der quantitativen Analyse - zweierlei interessant:

(1) HÖHNE-LESKA "verzichtet auf die vergleichende Untersuchung von je einer gesprochenen und geschriebenen Äußerung desselben Autors zum gleichen Thema", sie vergleicht vielmehr Transkripte von Tonaufnahmen mit Sachprosa. Zwar hält sie gesprochene und geschriebene Äußerungen derselben Person zum gleichen Thema für den "Idealfall", der jedoch nicht durchführbar ist, "da nur bei voller Sprachtüchtigkeit die Denkaktivität sich in gleicher Weise im Sprechen wie im Schreiben zu äußern vermag."

(2) Die mitgelieferten Beispiele zeigen, daß nach Orthographie und Interpunktionsregeln transkribiert wurde, Intonationsmerkmale dagegen nicht berücksichtigt wurden. Zwar weist Verfasserin auf die Bedeutung der Intonation für die 'Satz'-Bestimmung hin, hält selbst aber die "Ermittlung der Länge" von "Gliederungseinheiten für vorrangig", weil die "Rolle der Intonation ... selbst mit technischen Hilfsmitteln nicht eindeutig faßbar" sei. Auf welchem Wege Verfasserin allerdings zu den Gliederungseinheiten kommt, teilt sie nicht mit. Die ansonsten akribische Arbeit bleibt also in dieser entscheidenden Grundlage unklar und bringt wegen der Unvergleichbarkeit des untersuchten Materials keinen wirklichen Fortschritt im Vergleich des Verhältnisses 'mündlich : schriftlich' (HÖHNE-LESKA 1975).

Ähnliches gilt auch von einigen an Schüleräußerungen vorgenommenen Untersuchungen. Bei den Berliner Hauptschülern handelt es sich zwar um dieselben Personen (WODZINSKI 1969), untersucht werden aber von ihnen Aufsätze, themenverschiedene Nacherzählungen und Unterrichtsbeiträge. Untersuchungsziel ist die Quantifizierung von Satzarten und Satzkomplexität. Eine ähnliche Zielsetzung verfolgt auch Christel HANNIG. Sie untersucht Sätze aus mündlichen und schriftlichen Äußerungen 7 - 9jähriger. Die schriftliche Erzählung zu einer Bildgeschichte wird mit der Anweisung herausgelockt: "Genauso wie ihr die Geschichte mündlich erzählen wolltet, so dürft ihr sie jetzt schreiben" (HANNIG 1974). So kommen teilweise die 'mündlichen' Grundlagen der Untersuchung zustande, außerdem gibt es schriftliche Nacherzählungen zu zwei Fabeln. Dieselben Impulse dienten dann auch als Sprechanlässe (für Aufnahmen im Sprachlabor, eine einzeln für Mitschüler, eine simultan 'für' den Lehrer), jedoch für andere, wenn auch altersgleiche Kinder. Personengleich und themengleich sind die Erzählungen, die Günter HELMIG untersucht (1972); es ist bedauerlich, daß er nur Stichproben seines Materials veröffentlicht hat als Belege seiner Analysen und Interpretationen, daß aber eine Übernahme seiner Ergebnisse auf dieser Materialbasis nicht möglich ist.

Einen tatsächlichen Vergleich von gesprochenem und geschriebenem Deutsch scheint die bereits erwähnte Arbeit von HEINZE (1979) zu bringen. Untersucht werden die Transkripte der Tonbandaufnahmen von 15 Bundestagsreden und deren von fremder Hand angefertigte und redigierte Fassung für die stenografischen Berichte. Die Methode, die ich an einer Rede des damaligen Bundeskanzlers Kiesinger exemplarisch vorstellte (GEISSNER 1969), wird hier erneut angewendet, allerdings eingeschränkt auf ausschließlich syntaktisches Forschungsinteresse (Satzkomplexität, Parenthesen, Drehsätze usw.). Verglichen werden also Wort-für-Wort-Entsprechungen in Rede und Schreibe. Die nicht-versprachlichten sprecherischen Ausdrucksmittel fehlen. Für gravierender halte ich jedoch, daß bei dieser Art von Betrachtung die Reden entrhetorisiert werden und die personale Divergenz zwischen Redenden und Schreibenden nicht thematisiert wird. Auch dies ist nicht nur eine Divergenz sprachlicher Ausdrucksmittel, sondern eine Divergenz sprachlicher Ausdrucksmöglichkeiten in den Konstellationen politischer Macht.

Christian WINKLER, der schon früh zwischen (geschriebenem) 'Satz' und (gesprochenem) 'Ausspruch' unterschied (1954, 1962), hat von denselben Personen stammende freigesprochene und vorgelesene Äußerungen untersucht (1973). WINKLER ließ 10 Personen eine Abbildung beschreiben und später die zwischenzeitlich verschrifteten Fassungen vorlesen. Auf diese Weise wird es zwar möglich, Sprech- und Vorlesefassungen zu vergleichen - vorwiegend nach Tempo, Gliederung, Abstufung und Kadenzierung -, aber nicht mündliche und schriftliche Fassungen derselben Personen zum gleichen Thema. Dieser Vergleich sowie der Vergleich von Freigesprochenem und Vorgelesenem ist jedoch das Ziel meiner Untersuchung, über die bereits kurz berichtet wurde (GEISSNER 1974).

Ehe ich mich dieser Untersuchung zuwende, gilt es jedoch zu prüfen, wie die Forschungssituation in anderen Ländern ist, ob methodische Möglichkeiten erprobt und Ergebnisse erzielt worden sind, die die Situation in der Erforschung des Verhältnisses 'mündlich : schriftlich' weitergebracht haben.

2.2 Fremdsprachige Untersuchungen

Aus einem psychologischen Forschungsinteresse haben sich FRAISSE und BREYTON (1959) dem Problem zugewandt. Ausgehend von der Verschiedenheit der Ausdruckssituationen beim Sprechen und Schreiben - "cette différence entre une activité solitaire et une activité sociale" - suchten sie experimentell die Variablen konstant zu halten. 12 Versuchspersonen hatten auf 6 stimuli (2 Reproduktionen von Stilleben, 2 Reproduktionen von Breughel, 2 Bildgeschichten) zu reagieren, auf je 3 schriftlich, auf die anderen mündlich. Ausgewertet werden Wortanzahl, das Verhältnis zwischen Verben und Adjektiven (der sog. Aktionsquotient) sowie die type-token ratio (TTR). Die Untersuchung hält sich, im Unterschied zu den vorher erwähnten vorwiegend syntaktisch oder syntagmatisch orientierten Arbeiten, auf der Wortebene. Die mitgeteilten Ergebnisse sind jedoch wenig aussagekräftig, weil die Verfasser die Anzahl der Wörter - 'aus Vergleichsgründen' - jeweils auf 100 ergänzt oder reduziert haben, ohne zu beschreiben, wie sie das gemacht haben.

DRIEMAN (1962) hat bereits diesen 'Homogenisierungsversuch' kritisiert und konstatiert: "Only the entire oral and the entire written communication are comparable; accordingly, we have compared our protocols in their entirety" (DRIEMAN 1962). Schriftliche und getextete (nach verdeckten Tonbandaufnahmen) Monologe der Beschreibungen von zwei Farb-Reproduktionen durch 8 Versuchspersonen wurden verglichen nach Gesamtwortzahl, Silbigkeit der Wörter und Silbendurchschnitt, Anzahl der attributiven Adjektive sowie der TTR. Obwohl die VPn aufgefordert wurden, die 'Frühlings'- und 'Herbst'-Impressionen zu werten und ihre Wertungen zu begründen, bleiben Inhalte in der Analyse zwar unberücksichtigt, dies ermöglicht in Teilbereichen aber andererseits den Vergleich mit den Ergebnissen von JOHNSON (1944) und FRAISSE/BREYTON (1959), also zwischen Iowa, Paris und Amsterdam; ein früher interkultureller Ansatz. ((Die Iowa-Studie konnte nur bedingt zum Vergleich herangezogen werden, da sie für schriftliche ('Schreib eine Geschichte aus deinem Leben') und mündliche (Sprichwörter) Äußerungen nichtvergleichbare Impulse setzte, außerdem mit dem Vergleich der Äußerungen von Schizophrenen und Studienanfängern ein anders gelagertes Forschungsinteresse verfolgte.)) In einem zweiten Teil ergänzt DRIEMAN die quantitative durch eine qualitative Analyse, in der er Beispiele "introspektiver Daten" darstellt, die er durch einen ausführlichen Fragebogen erhoben hat. Die Studierenden, die am Experiment teilgenommen hatten, und einige andere wurden befragt zu ihrer Befindlichkeit beim Schreiben und Sprechen, und nach den Situationen, in denen sie die eine oder andere Ausdrucksform bevorzugen.

Eher einen Bericht über Forschungsergebnisse aus - zumeist unpublizierten - sprechwissenschaftlichen Dissertationen liefert DE VITO (1966). Er selbst fand in einer Untersuchung folgende statistisch signifikante Unterschiede: In geschriebener Sprache gäbe es mehr verschiedene und mehr schwierige Wörter, mehr einfache Sätze, aber größere inhaltliche Dichte (DE VITO 1965). Um zu erforschen, wie beim Sprechen der Kontext in die Satzkonstruktion einfließe, müsse - so folgert er - weniger das Produkt als der "process of communication" untersucht werden. Auch GIBSON et al. (1966) verweisen zunächst auf vorliegende Untersuchungen über Ähnlichkeiten und Unterschiede zwischen Gesprochenem und Geschriebenem, kommen aber zu dem Schluß, daß die Ergebnisse widersprüchlich seien, "bestenfalls" unklar. Ihre eigene Untersuchung soll folglich Klarheit schaffen, in der sie außer der durchschnittlichen Wort- und Satzlänge und der TTR auch die 'Lesbarkeit' mit Hilfe der FLESCH-Formel vergleichen. Versuchspersonen waren 45 Erstsemester aus den speech-Kursen zweier Universitäten. Das Verfahren, mit dem die geschriebenen und gesprochenen 'Texte' gewonnen wurden, war kompliziert. Aus 50 vorgeschlagenen Themen wählte jede VP eines, schrieb darüber dann nach einer Woche Vorbereitungszeit einen 750- bis 1000-Wort-Aufsatz und hielt dazu eine fünfminütige 'Freie Rede' nach einem zwischenzeitlich erarbeiteten Stichwortzettel. Allerdings wurde die - vermeintliche - Objektivität noch weiter getrieben: An jeder der beiden Universitäten hat jeweils die erste Halbgruppe zuerst geredet und drei Tage später geschrieben, die andere Halbgruppe zuerst geschrieben und drei Tage danach geredet. Die auf Tonband aufgenommenen Reden wurden transkribiert "by a competent secretary with intensive speech training". Transkriptionsbeispiele werden nicht gegeben, prosodische Elemente in der Analyse nicht berücksichtigt. Dies konnte für die Berechnung von Wort- und Silbenwerten genügen, nicht jedoch für die Bestimmung von 'Satz'längen. Für diesen Fall stützen sich die Autoren auf folgende Satzdefinition: "In counting sentences, count as a sentence each unit of thought that is grammatically independent of another sentence or clause, if its end is marked by a period, question mark, exclamation point, semicolon or colon" (FLESCH 1951). Da FLESCH die Lesbarkeit (readability) von Texten untersuchte, ist seine Definition für seinen Untersuchungsgegenstand korrekt; unbrauchbar ist sie dagegen in einer Untersuchung von transkribierter Rede. In gesprochener Rede gibt es keine Interpunktion, sondern prosodische (intonatorische) 'Signale', die zudem nicht immer grammatische Einheiten abgrenzen. Wenn auch die statistischen Ergebnisse manche der von DE VITO (1965, 1966) gefundenen auf den Kopf stellen, im ganzen können sie aufgrund der erwähnten methodischen Mängel die von den Verfassern angestrebte Klärung nicht bringen. Auch wer - wie ich - den Glauben der Verfasser an die Zuverlässigkeit von stimulus-response-Verfahren nicht teilt, kann ihrer Meinung zustimmen, daß weitere Untersuchungen erforderlich seien "mit verschiedenen Redeformen", mit Formen informierenden und überzeugenden Sprechens.

Um kontrollierte experimentelle Bedingungen geht es auch in der Untersuchung von Stephanie PORTNOY (1973). Sie faßt ihre kritische Musterung vorliegender Ergebnisse in einer instruktiven Tabelle zusammen, ehe sie mit der Schilderung der Lückentextmethode (cloze procedure) das von ihr angewandte Verfahren vorstellt. Die Textproben stammen von 22 (16 f, 6 m) Collegestudenten, die freiwillig und gegen Bezahlung an dem Experiment teilnahmen. Sie wurden einzeln getestet, waren allein in einem Experimentierraum, in dem sie zunächst 20 (!) Minuten über eine interessante Erfahrung redeten, danach - nach einer fünfminütigen Pause - wiederum 20 Minuten lang über eine andere interessante Erfahrung schrieben. Die ersten 219 Wörter jeder Probe bildeten das Untersuchungsmaterial, aus denen jedes 5. Wort gelöscht wurde. Nach 6 - 8 Wochen sollten die VPn (clozers) die Lücken in den interpunktionslos vorgelegten Texten auffüllen. Ausgewertet wurden Exaktheit des Verständnisses bzw. grammatikalische Korrektheit. Dabei spielen z.B. Wortlänge, Wortverschiedenheit und Redundanzen eine Rolle, aus denen dann Unterschiede bzw. Korrelationen der Verständlichkeit von Gesprochenem und Geschriebenem gefolgert werden. So interessant einige der Ergebnisse als einzelne genommen auch sind, z.B. daß Verständlichkeit auch abhängt vom subjektiven Gebrauch von Wörtern verschiedener Länge, generell bleibt der Einwand, daß nicht Sprechen und Hörverstehen untersucht werden, nicht einmal Gesprochenes als Gesprochenes, sondern verschriftet Gesprochenes, das für Leseverstehen präpariert wurde. Die Studie liefert (im Gegensatz zu ihrem Titel) keine "Comparison of Oral and Written Verbal Behavior" (PORTNOY 1973). Der 'written language bias' ist, so scheint es, kaum zu durchschauen oder wenn, dann methodisch nur schwer abzubauen.

Dies versuchen mit ganz anderen methodischen Ansätzen RUBIN (1980) und HILDYARD/OLSON (1982). In beiden Arbeiten steht erkennbar das Problem der Verständigung im Vordergrund: bei RUBIN das Verhältnis von Hörverstehen und Leseverstehen, bei HILDYARD/OLSON das Verhältnis von Verstehen und Behalten. Von den angewandten Methoden her betrachtet, liefern sie keine neuen Zugriffe für die Untersuchung von 'Mündlichem' und 'Schriftlichem'.

In der Arbeit von CHAFE (1982) kommt ein neuer Aspekt zum Vorschein. Er untersucht die Bedeutung der Tatsachen, daß 1) schneller gesprochen als geschrieben wird und 2) Sprecher im Unterschied zu Schreibern mit ihren Adressaten unmittelbar interagieren. Von 14 VPn wurden jeweils formelle wie informelle, gesprochene und geschriebene Proben aus verschiedenen Situationen zu verschiedenen Themen gewonnen, von denen in der vorliegenden Untersuchung lediglich über zwei Stilunterschiede berichtet wird: Das informell Gesprochene (Unterhaltung bei Tisch) und das formell Geschriebene (akademische Abhandlung).

Die größere Sprechgeschwindigkeit, durchschnittlich 180 Wörter/Minute im Vergleich zur Handschreibgeschwindigkeit, durchschnittlich 1/10, also etwa 18 Wörter/Minute, führt zu Unterschieden in der Stilisierung: Fragmentation vs. Integration; verschiedene Verwendung von Wortarten, z.B. Partizipien, Adjektivattributen, verbundenen und ergänzenden Syntagmen - nicht nur grammatisch, sondern auch prosodisch.

Die Unterschiede, die sich aus der Möglichkeit ergeben, mit Hörern unmittelbar zu interagieren, sucht CHAFE mit dem Begriffspaar "'involvement' with the audience and 'detachement' from the audience" zu fassen. Er verläßt seine schriftkulturelle Basis und findet in einer Analyse von Beispielen aus einer Indianerdichtung, also Dichtung aus einer 'illiteraten' Sprechkultur, vergleichbare Unterschiede zwischen Gesprächsstil und 'oral literature', "sogar in einer Sprache, die noch niemals geschrieben worden ist" (CHAFE 1982).

In den mir bekannten Arbeiten von CHAFE werden die empirischen Befunde nicht isoliert betrachtet, d.h. die quantitativen Erhebungen sind nicht Selbstzweck, sie stützen qualitative Aussagen. Die qualitative Interpretation betrifft nicht nur die Tatsache, daß Wörter eine Bedeutung und Sätze einen Sinn haben, sie geht über die Inhaltsproblematik hinaus in ethnologische und ethnohermeneutische Fragestellungen. Dies ist auch das Frageinteresse von Deborah TANNEN (1982e), wenn sie Erzählungen amerikanischer und griechischer Frauen über denselben Film (als Erzählanreiz vorgespielt) untersucht. Ihre Untersuchung ist geleitet von CHAFEs Begriffspaar 'involvement' und 'content', mit dem sie sich von OLSONs 'context' vs. 'text' absetzt. In der Grundhaltung und Forschungsrichtung stimmt TANNEN mit CHAFE überein.

Wenn von derart übergreifenden Ansätzen abgesehen wird, scheint die Frage
nach der Komplexität des Geäußerten für verschiedene Forschungsrichtungen
besonders wichtig. Allerdings wird mal das Gesprochene für 'komplexer' gehalten,
mal das Geschriebene. Offensichtlich hängt dies davon ab, wie Daten gewonnen
und mit welchen Methoden sie ausgewertet werden, d.h. letztlich, ob ein Vergleich überhaupt möglich ist.

Abgesehen von wenigen Untersuchungen reduziert sich das Problem der Komplexität im allgemeinen auf die 'syntaktische Komplexität', noch enger: auf
die Anzahl 'subordinierter' oder 'hypotaktischer' Sätze. Karen BEAMAN diskutiert verschiedene der widersprüchlichen Ergebnisse, geleitet von der Hypo-
these: "Spoken language is just as complex as written" (BEAMAN 1984). Sie
untersucht 20 mündliche und 20 schriftliche 'Erzählungen' zu dem 'Pear-Film'
(den CHAFE und Mitarbeiter gedreht haben, um "spontaneous discourse from
multiple speakers on the same topic" zu bekommen). Zwar teilt BEAMAN mit,
daß die Geschichten kontrolliert seien nach Register, Ziel und Formalisierung,
auch daß alle Geschichten von Frauen stammen. Wenn sie dann aber sagt,
daß Sprecherinnen und Schreiberinnen 'gleichzeitig' erzählt hätten, so heißt
das, daß möglicherweise 40 verschiedene Personen an dem Experiment teilgenommen haben, die gesprochenen und geschriebenen Fassungen also nicht hinsichtlich der Personen verglichen werden können. Die mündliche Erzählung wurde
nach "intonational sentences" transkribiert ("that is a sequence of idea units
typically bounded by sentence-final intonation and syntactic closure, expressing
a single 'center of interest"), weil die intonatorische Markierung der Grenzen
besonders wichtig sei für die Segmentation. An die zunächst rein formal-gram-
matische Analyse schließt BEAMAN eine funktionale und semantische an. Wich-
tigstes Ergebnis dieser an Teileinsichten reichen Arbeit scheint mir die Schluß-
folgerung: Die Grundannahme vieler Linguisten, "that subordination implies
complexity, is false. The evaluation of syntactic complexity is simply more
complex than that" (BEAMAN 1984).

Ebenfalls aus dem Umkreis von CHAFE kommt die Arbeit von Gisela REDEKER
(1984). Sie versucht, seine Kategorien 'involvement/detachement' und 'fragmen-
tation/integration' an anderen mündlichen und schriftlichen Textsorten zu überprüfen. Dazu ließ sie nach einem ausgeklügelten Verfahren 8 Studentinnen über
2 persönliche Erlebnisse und 2 Sachthemen 'erzählen'. "Da das Schreiben mit
Sicherheit einen großen Einfluß auf die Sprache beim folgenden Erzählen hätte,

haben alle VPn zunächst gesprochen." Drei Wochen später wurde geschrieben und zwar eine Geschichte zu demselben Thema, die andere konnte frei gewählt werden. Auf diese Weise ergab sich eine themengleiche und eine themenverschiedene Erzählung. Bei der Tonbandaufnahme wurden Pausen, Verzögerungen, Atem und Intonation beachtet. (Die 16 mündlichen Erzählungen hatten eine Gesamtwortzahl von 19 450, die 16 geschriebenen von 6 011.) In ihren Ergebnissen findet die Verfasserin die Kategorien CHAFEs bestätigt, sie seien "powerful indicators of differences between spoken and written language, even when the speaking and the writing situations are very similar" (REDEKER 1984).

3. MÜNDLICHE UND SCHRIFTLICHE BERICHTE ALS UNTERSUCHUNGS-GEGENSTAND

Die skizzierten Forschungsergebnisse legten nahe, "zusammenhängende Äußerungen" zu untersuchen (WACKERNAGEL-JOLLES 1971) und zwar nicht irgendwelche Ausschnitte, sondern jeweils die "ganzen mündlichen und schriftlichen Äußerungen" zu vergleichen (DRIEMAN 1962), die im "Idealfall" von derselben Person zum gleichen Thema stammen sollten (HÖHNE-LESKA 1966/1975). Deshalb gilt es, sprachfreie Anlässe zu schaffen (CHAFE 1982), wenn möglich sogar 'freigesprochene' und 'vorgelesene' (WINKLER 1973), zumal wenn es darum geht, sowohl die unterstellten Komplexitätsunterschiede (BEAMAN 1984) als auch die angenommenen Besonderheiten der Sprechausdrucksformen zu untersuchen.

3.1 Eingrenzen des Untersuchungsgegenstandes

Eine Sprechwissenschaft, die sich als Theorie der mündlichen Kommunikation begreift, hat - wie dargestellt (1.3) - im GESPRÄCH ihren prototypischen Gegenstand. Folglich sollte eine sprechwissenschaftliche Untersuchung des Verhältnisses 'mündlich : schriftlich' bei Gesprächen einsetzen, zumal mit dem Gesprächsverlaufssoziogramm (GVS) ein probates Analyseinstrument zur Verfügung steht (GEISSNER [2]1986). Gerade aber, weil das Gespräch im strengen Sinn nur mündlich ist, kann es nicht als Gegenstand der Analyse dienen, wenn es um die spezifischen Unterschiede zwischen 'mündlich' und 'schriftlich' geht. "Schriftliche Gespräche" sind keine Gespräche - keine transitorischen Sprechhandlungen zwischen realpräsenten sozialen Subjekten -, sondern entsituierte, auf verschiedenen Niveaus zu verschiedenen Zwecken literarisierte 'Dialoge'.

Insofern haben alle, die die 'wirkliche gesprochene Sprache' untersuchen wollen, sich zurecht nicht literarisierten Dialogen zugewandt, sondern wie schon IPSEN/KARG (1928) tatsächlichen Gesprächen. Die methodologischen Unterschiede zwischen Gesprächs-, Dialog- oder Konversationsanalyse können hier außer Betracht bleiben (vgl. DITTMAN 1982). Wichtig scheint dagegen, daß in der Tat meistens "gesprochene Sprache" im Mittelpunkt des Forschungsinteresses steht, nicht aber das tatsächliche Miteinandersprechen vergesellschafteter Subjekte. Die Reflexivität wechselseitigen Verständigungshandelns ist jedoch aus semantischen und syntaktischen Analysen nur unzureichend erschließbar. Deshalb hat Sprech-

wissenschaft - und dies wird hier mit Bedacht wiederholt - ihren Forschungs-
gegenstand nicht vorrangig im System, auch nicht dem der gesprochenen Sprache,
sondern in deren Aktualisierung in Sprech-/Hörhandlungen situierter Sprecher/innen
und Hörer/innen; nicht im 'Produkt', sondern im 'Prozeß'. Darin geht es genau
betrachtet nicht nur um das Nicht-Syntaktisierbare und Nicht-Semantisierbare,
darüber hinaus nicht einmal nur um die Äußerungen, sondern um die sich äußern-
den Menschen. "Discourse is more than sum of utterances" (GUMPERZ 1982).
Wären nicht, so könnte gefragt werden, transkribierte Gespräche ein angemessener Untersuchungsgegenstand? Es steht außer Frage, daß auch Gespräche verschriftet werden können, daß dabei hoher Sachverstand, sogar Kunstsinn, aufge-
wendet werden, um sie in ihrer 'Mündlichkeit' schriftlich abzubilden. Soweit
dies gelingt, bleibt ihre Gesprächshaftigkeit erkennbar und in Grenzen analysier-
bar. Jedoch selbst wenn es gelingt, liefern sie geschriebene Mündlichkeit, aber
keine Schriftlichkeit. Deshalb eignen sich verschriftete Gespräche zu einem
Vergleich des Verhältnisses 'mündlich : schriftlich' so wenig wie Reden und
deren Transkripte.

'Gespräche', in welchem Überlieferungszustand auch immer - akustisch konserviert
oder optisch transkribiert oder audio-visuell dokumentiert -, scheiden als Materialbasis einer vergleichenden Untersuchung aus. Dies gilt für phatische Gespräche
wie für rhetorische Gesprächsformen (GEISSNER [2]1988). Diese Feststellung
schließt nicht aus, daß sich aus einigen der erwarteten Untersuchungsergebnisse
auch Konsequenzen für die "Gesprächsrhetorik" ergeben können.

Wie Gespräche auf der einen, so scheiden auf der anderen Seite ausschließlich
schriftliche Darstellungsformen aus, wenn es sich um einen Vergleich des Verhältnisses 'mündlich : schriftlich' handeln soll.

Es gilt also Äußerungsformen zu finden, die **sowohl** mündlich **als auch** schriftlich
möglich, üblich und sinnvoll sind. Wenn nun Gespräche und ausschließlich schriftliche Darstellungen zu Vergleichszwecken ungeeignet sind, dann bleiben Formen
der REDE. Rederhetorisch ist der Leitartikel einer Tageszeitung nicht weniger
als der Kommentar im Fernsehen am selben Tag zum gleichen Ereignis. Der
Traktat ist nicht weniger rhetorisch als die Predigt im Gottesdienst. Das Partei-
plakat ist nicht weniger rhetorisch als die chorisch gerufene Parole während
einer Demonstration. Das verkündete Urteil ist nicht weniger rhetorisch als
seine aktenkundige Ausfertigung. Alle anderen nicht-sprachlichen Formen der
'Rederhetorik' - Demonstrationen, Architektur, Musik, Filme usw. - können hier
ohnedies außer Betracht bleiben. Die rederhetorischen Formen sind im Unterschied

zu den gesprächsrhetorischen Formen solche der "zusammenhängenden" Rede. Gespräch und Rede werden subsumiert unter dem Begriff "rhetorische Kommunikation" (FRANK-BÖHRINGER 1963, GEISSNER 1969, McCROSKEY [4]1982). Dieser Ansatz kann von ARISTOTELES hergeleitet werden, der nicht nur den Primat des Gesprächs (Dialektik) vor der Rede(-Rhetorik) betonte und deren kommunikative Begründung lieferte, sondern der wußte, "daß zu einer jeden Redegattung ein anderer sprachlicher Ausdruck paßt; denn der Stil der schriftlichen Darstellung ist nicht derselbe wie der, der in Debatten gebraucht wird, und der der Volksrede nicht derselbe wie der der Gerichtsrede. Man muß ... beide beherrschen" (ARISTOTELES Rhet. 1413 b).

Die "RHETORIK" des ARISTOTELES ist die erste überlieferte rhetorische Theorie. Sie legt nicht nur den Grund für die erwähnte Theorie der rhetorischen Kommunikation, sondern sie entwickelte von den Hörenden (!) aus auch eine Klassifikation der Redeformen und - worauf das Zitat gerade hinwies - auch verschiedene Redeziele. Neben der Absicht zu 'loben oder zu tadeln', geht es vor allem darum, zu informieren oder zu überzeugen (WALTER 1982 u.a.). Informative und persuasive rhetorische Formen gibt es als gesprächsrhetorische **und** als rederhetorische; nämlich "bei den 'Formen des Gesprächs' sowohl klärende und lösungssuchende (informativ) wie streitende und entscheidende (persuasiv) Verfahren, bei den 'Formen der Rede' sowohl Referat und Vortrag (informativ) wie Meinungs- und Überzeugungsrede (persuasiv)" (GEISSNER 1978).

Aus den dargelegten Gründen interessieren im jetzigen Zusammenhang nicht die Gesprächs-, sondern nur die Redeformen. Da der Unterschied von 'informieren' und 'überzeugen' für beide Formgruppen des Rhetorischen gilt, war er in beiden bewußt zu machen. Nun gilt es, ihn genauer zu fassen. Beim **Überzeugen** versuchen Redende mit Hilfe von Argumenten auf die Überzeugungen von Hörenden dergestalt einzuwirken, daß sie aus Einsicht mit dem/der Redenden zu handeln bereit sind. Dabei spielt die Glaubwürdigkeit (credibility) der Redenden eine nicht minder große Rolle als die Einsichtigkeit (evidence) der Begründungen und die Überzeugungsbereitschaft (persuability) der Hörenden. In allen drei Hinsichten geht es also nicht ausschließlich um Rationales, sondern immer zugleich um Emotionales und Voluntatives. Für Glaubwürdigkeit gibt es keine externen Kriterien, Evidenz ist begründbar, aber nicht beweisbar, Überzeugungsbereitschaft oder Überzeugungsfähigkeit hängt von vielerlei Faktoren ab, gibt es doch manifeste Überzeugungshindernisse (GEISSNER 1977).

Aus diesen Gründen sind Ausdrucksformen des Überzeugens, seien sie gesprochen oder geschrieben, auch kaum geeignet für eine empirisch gestützte Untersuchung des Verhältnisses 'mündlich : schriftlich'. Die Anzahl der zu berücksichtigenden Variablen wäre zu groß - z.B. ist unterschiedliche Emotionalität nicht vergleichbar, ganz abgesehen davon, daß die Einschätzung der Prozesse im ganzen äußerst schwierig ist. Dabei müßten nämlich überzeugende (convictive) von überredenden (manipulative) Persuasionshandlungen nach Kriterien unterscheidbar sein (GEISSNER 1981). Derartige externe Kriterien gibt es jedoch nicht; deshalb ist auch und gerade Sprechwissenschaft auf ihre Selbstreflexivität verwiesen.

Der Bereich möglicher Untersuchungsgegenstände grenzt sich immer weiter ein. Nachdem Gesprächsformen und schriftliche Darstellungsformen ausgeschlossen worden waren, erwiesen sich jetzt auch Formen überzeugenden Redens als ungeeignet. So bleiben die verschiedenen Formen person- und sachbezogenen **Informierens.** Werden auch noch die personbezogenen, also die stärker erlebnishaltigen, jedoch intentional nicht-persuasiven Formen des Erzählens ausgeschlossen, also alle im spezifischen Verständnis narrativen Sprechhandlungen, dann konzentriert sich das Interesse auf die vorrangig sachbezogenen Formen informierenden Sprechens. 'Vorrangig sachbezogen' heißt es, weil ein völlig apersonales Reden ebenso unmöglich ist, wie umgekehrt ein völlig sach'loses' persönliches (noch nonsense und small-talk oder der nonsense von small-talk haben, wenn auch zuweilen nur sich selbst zum 'sachlichen' Gegenstand). Unter die Formen vorrangig sachbezogenen informierenden Redens fallen dozierendes, reportierendes, explanierendes, referierendes, kommentierendes Sprechen. Während Dozieren, Referieren und Kommentieren bereits wieder besonderen Sachverstand und besondere fachsprachliche Kenntnisse voraussetzen, kommen Formen des Erklärens (Explanation) und des wiederholenden Wiedergebens von Wahrgenommenem (Gesehenem oder Gehörtem), also Aufgaben des 'Reportierens', sowohl alltäglich als auch alltagssprachlich vor (Bericht über ein Wiedersehen in der Stadt, von einer Reise, über einen Unfall usw.). Die Tatsache, daß **Sachberichte** alltäglich und alltagssprachlich vorkommen, war fürs erste der Grund, sie als geeignete Untersuchungsgegenstände auszuwählen, auf weitere Gründe wird später eingegangen.

Wenn hier von informierenden Sprechhandlungen die Rede ist, dann sind in einer sog. 'Informationsgesellschaft' erneut einige Erklärungen erforderlich. Die Angewohnheit, irgendetwas eine 'Information' zu nennen, bedeutet nicht, daß es eine

Information ist. Dies deshalb, weil es eine 'Information an und für sich' gar nicht gibt. Information ist immer nur eine Information von jemand für jemand. Die dreistrahlige Grundrelation allen Sprechens "jemand zu jemand über etwas" (BÜHLER 1934 nach PLATON), zeigt sich auch und unauslöschbar in allen informierenden Sprechhandlungen. Ohne jemanden, der/die sich informieren will - weil er/sie es in einem Tätigkeitsbereich, in seinem/ihrem Lebenszusammenhang braucht -, ist kein Signal, kein Zeichen, kein Symbol informativ; sei es sprachlich oder bildlich oder figürlich oder klanglich oder geschmacklich. Salopper Sprachgebrauch, zumal der Medien, die sich als 'Informationsmedien' ausloben und damit der journalistischen Selbsttäuschung "objektiver Informationspflicht" öffentliche Tarnung verschaffen, hat diese Einsichten so sehr vernebelt, daß es schier unmöglich ist, diesen Nebel aufzulösen. Das wird um so schwieriger, je mehr 'informative Daten' mit Hilfe von EDV und PC auf Abruf verfügbar sind. Doch hier ist nicht der Ort, erneut auf die Problematik der Informationen in der sog. "Mensch-Maschine-Kommunikation" einzugehen (vgl. GEISSNER 1987).

Ohne Sinnzusammenhang zeigt mir kein Verkehrszeichen den Weg, warnt mich kein Pfiff, lockt mich kein Duft, informiert mich keine noch so verständliche Äußerung. Der vorausgesetzte Sinnzusammenhang ist die immer und notwendig angenommene "Sinnkonstanz" (HÖRMANN 1981), die die grundsätzliche Voraussetzung von Weltorientierung ist, ohne die folglich auch 'Informationen' nichtinformativ sind und bleiben.

Das Hineinstellen in einen Zusammenhang, der Sinn gibt oder macht, das Anschließen an mitgebrachtes Erlebtes, Erfahrenes und Gewußtes ist der Prozeß des Verstehens als des 'Sinn-Verleihens'. Verstehen ist also "mehr als Rezeption", es ist ein "vom Ziel her gesteuerter Prozeß" (HÖRMANN 1981). Was Hans HÖRMANN als Psychologe formulierte, stützt hermeneutische Theorieansätze und greift aus in das Geschehen der "hermeneutischen Synthesis" (APEL 1973). Die methodologischen Konsequenzen dieses Verständnisses von Information liegen 'auf der Hand': Eine wie immer geartete quantitative Analyse muß notwendigerweise zu kurz greifen. Sie analysiert im günstigsten Falle 'Daten', aber weder "die durch sie repräsentierten Fakten" (SOEFFNER 1979) noch gar die gesellschaftlich Handelnden, die "in ihrem Lebensverbund und ihrem Sinnzusammenhang" diese Fakten geschaffen haben (GEISSNER 1982). Es bedarf folglich immer auch einer qualitativen Analyse bzw. eines hermeneutischen Prozesses (MURPHY/PILOTTA 1983).

Aus diesem Verständnis erweist sich die folgende als angemessene Definition von Information: "1) zeichenhaft repräsentierte Daten (oder Signale) sind von sich aus keine Informationen, 2) durch Interpretationen können aus Daten (Signalen) Informationen gewonnen werden, 3) Kommunikatoren besitzen die Fähigkeit, aus Daten durch Interpretationen Informationen zu gewinnen ... Die Feststellung, ob Daten 'informativ' sind oder nicht, kann nur dann getroffen werden, wenn im gleichen Kommunikationssystem unter dem Postulat des Sinnverstehens kommuniziert wird" (KRALLMANN/SOEFFNER 1973).

Beispielsweise ist es für Deutschsprechende, die in den Vereinigten Staaten nach nach einem Raum mit dem Schild '00' oder 'WC' suchen, nicht informativ, wenn sie als Frau an 'Powder Room' oder als Mann an 'Rest Room' vorbeilaufen, bzw. auf die im 'besten' Englisch hervorgebrachte Frage nach einem water-closett nur verständnisloses Kopfschütteln ernten. Nicht-informativ ist es für den/die Fragesteller/in, wenn jemand auf die Frage "Wissen Sie, wo der Bahnhof ist?" mit "Ja!" antwortet, aber weiterläuft. In diesen Fällen geht es nicht nur um semantische und situative Differenzen, sondern um die Möglichkeit, "sich in Sinnzusammenhänge einzulassen", um die Fähigkeit und die Bereitschaft, verstehen zu wollen. 'Kannitverstaan' hat viele Geschwister mit vielen Gesichtern!

In der Tat geht es also darum, aus 'Daten' durch Interpretation Sinn zu erzeugen, aber nicht einmal die den Daten zugrundeliegenden Fakten "geben sich" eindeutig von selbst; sogar sie bedürfen der Interpretation - der verstehenden Aneignung und 'Auslegung' durch den Wahrnehmende -, wenn sie in einen sinnvollen Zusammenhang einbezogen werden sollen. Nur auf diese Weise werden sie überhaupt verständlich, d.h. anders bleiben sie unverständlich, sind also keine Information. Die reziproke Vorgehensweise zeigt sich, wenn Handelnde, die sich beobachtet fühlen und fürchten, ihr Tun könne als sinnlos oder abwegig eingeschätzt werden, diesem durch 'nonkonforme' Korrekturhandlungen einen Sinn zu geben versuchen: Jemand läßt die zum Gruß erhobene Hand sinken und kratzt sich hinterm Ohr, wenn der Zugrüßende nicht reagierte. Oder ein Fußballspieler, der neben den Ball in den Rasen getreten hat, kniet sich und nestelt demonstrativ an seinem Stiefel (vgl. GOFFMAN 1971).

Allgemein gilt: Als jemand, der etwas verstehen will, muß ich dieses Etwas interpretieren, um es zu verstehen. Als jemand, der versteht, bin ich immer Koproduzent von Sinn. Ist das, was ich verstehen will, nicht dinglich gegeben (Gegenstand, Vorgang, Sachverhalt), sondern sprachlich, so handelt es sich darum, Verstandenes zu verstehen. Früher nannte ich diesen Vorgang interpretatio interpretationis (GEISSNER 1968). Auch das Verstehen von Verstandenem fordert mich als Koproduzenten von Sinn. Es gibt keinen sprachlich vermittelten Sinn 'an sich' (GEISSNER [2]1988), folglich auch keine Information 'an sich'. Was dies bedeutet, wird vielleicht noch deutlicher beim Vorgang des Dolmetschens. Der/die in der Ausgangssituation (Si) hörend Verstehende, kurz Hörverstehende (H), wird zum/zur Interpreten/in (I) des Verstandenen für andere gleich- oder anderssprachig (raum- und zeitgleich oder -verschieden) Hörverstehende dadurch, daß er/sie das Hörverstandene in einer den Verstehenden angemessenen Zeichenkombination Z' paraphrasiert, wodurch freilich auch der ursprüngliche Rede-Gegenstand (G) eine neue Qualität (G') erhält. Diesen Vorgang veranschaulicht folgende Skizze (GEISSNER 1973):

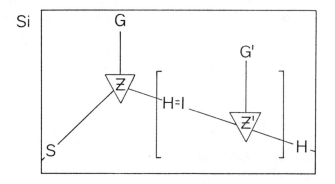

In einer Untersuchung, die das Verhältnis bestimmter 'sprachlicher' Äußerungsformen analysieren will, um sie besser verstehen zu können, kann der die Äußerungen auslösende Impuls nicht selber sprachlich sein. Zwar läßt sich der - in einer Schriftkultur wie gesagt generelle - sprachliche bias nicht löschen, aber vermeiden lassen sich Kopien, d.h. Übernahmen einzelner Formulierungen und Sprechmuster. Der die informierenden Sprechhandlungen auslösende Impuls muß folglich sprachfrei sein, oder anders gesagt, das auslösende Geschehen verlangt kein Sprachverständnis, sondern verstehende Beobachtung. Wenn man so will, sind Augenzeugen gefragt, keine Ohrenzeugen. Wie schnell sich übrigens eine übermittelte Botschaft durch eine Kette von 'Ohrenzeugen' verstümmelt, ist als "Gruppenleistung bei der Herstellung eines Gerüchts" beschrieben (GEISSNER 1972, 1986b). Für Augenzeugen gilt es, folgende Situation zu schaffen:
Augenzeugen beobachten einen Sachverhalt. Sie bringen das Beobachtete in einen für sie 'schlüssigen' Sinnzusammenhang. Sie verstehen also. Was sie beobachtet

49

und verstanden haben, wollen oder sollen sie anderen vermitteln. Dazu müssen sie das, was sie beobachtet und verstanden haben, umformen in die Äußerungsformen, die ihnen zur Verfügung stehen. Sie äußern sich sprechhandelnd für - im Regelfall realpräsente - Hörverstehende; bzw. schriftlich für - im Regelfall nicht präsente - Leseverstehende. Diesen Prozeß haben JESCH/STOFFEL (1977) in ihrer grundlegenden Abhandlung über "Informierendes Sprechen" auf folgende Weise gefaßt:

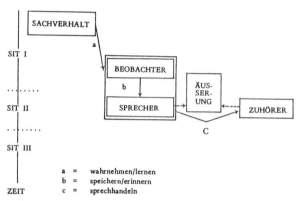

Entscheidend für diesen Prozeß informierenden Sprechens sind die Umformungen, die Transformationen von Sachverhalten in Tiefenstrukturen - wie JESCH/STOFFEL von ihrem strukturalistischen Ansatz aus erklären. Die Oberflächenstruktur (os) des Sachverhaltes (Geschehens, Gegenstandes) wird transformiert in Beobachtetes (ts) und Verstandenes (ts'). Daraufhin wird es vom Verstehenden transformiert in die Oberfläche einer Äußerung (os 2), die von anderen Personen, den Hörverstehenden, transformiert wird in ihr Verständnis (ts 2). Diese Schrittfolge der drei Transformationen bilden JESCH/STOFFEL in folgender Skizze ab (1977):

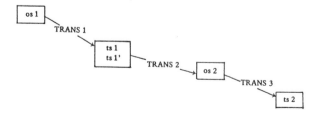

Mit diesen Überlegungen sind allgemein die Grundlagen informierenden Sprechens charakterisiert. Als besondere Ausprägung informierenden Sprechens erweist sich der Bericht. Weil **Sachberichte** sowohl 'mündlich' als auch 'schriftlich' alltäglich üblich und alltagssprachlich möglich sind, wurden sie als Untersuchungsgegenstand ausgewählt.

Vielleicht ist es angebracht, die im einzelnen dargelegten Gründe der Entscheidung für diesen Untersuchungsgegenstand noch einmal zusammenzufassen:

"Sachberichte wurden ausgewählt, weil sie

1. (in der Mehrzahl) keine unmittelbar real handlungsauslösende Wirkung haben; folglich nur einen schwachen Hörerbezug

2. vom Berichtenden keine affektive, nur eine schwach expressive Beteiligtheit verlangen; folglich nur schwachen Selbstbezug

3. kein besonders voluntatives oder valuierendes Engagement des Berichterstatters verlangen (i.U. zu 'Erlebnis'-Berichten)

4. keine besondere Tektonik verlangen, da sie i. allg. an der Chronologie des Ereignisses orientiert sind

5. dagegen aufgrund des immanenten Anspruchs an Genauigkeit eine hohe kognitive Beteiligtheit verlangen; d.h. starken Sachbezug" (GEISSNER 1974).

Ein weiterer und mit ausschlaggebender Grund war die Erwartung, sowohl mündliche als auch schriftliche Berichte von jeweils derselben Person zu dem gleichen Thema zu erhalten, wenn möglich sowohl 'freigesprochen' als auch 'vorgelesen'.

3.2 Gewinnen des Untersuchungsmaterials

Es galt also, eine Lage, ein 'setting', zu schaffen, in dem nicht nur ganz allgemein Berichte erhalten werden konnten, sondern **mündliche und schriftliche Berichte, beide von derselben Person zu demselben Sachverhalt.**

An der Universität des Saarlandes hielt ich damals eine Einführung in die "Grundlagen der mündlichen Kommunikation", vorwiegend für Germanisten im Studiengang für das Lehramt an Gymnasien. An eine Vorlesung schlossen sich 'praktische Übungen' (in Gruppen) an, die sich - aus didaktischen und organisatorischen Gründen - auf zwei aufeinanderfolgende Semester erstreckten. Übungsgegenstände waren im ersten der beiden Semester "Elementarprozesse des Sprechens und

Hörens", im zweiten "Grundformen des Freisprechens und Vorlesens". In beiden Gruppenübungen wurde wiederholt und in unterschiedlichen Zusammenhängen mit Tonbandaufnahmen gearbeitet. Die Teilnehmenden waren folglich an Tonbandaufnahmen ihrer Sprechleistungen gewöhnt. Außerdem waren sie, nahezu ausschließlich Studierende der Germanistik in mittleren Semestern, verhältnismäßig gut miteinander vertraut.

Der Vorlauf zum 'Experiment' soll genauer geschildert werden. Es wird dabei deutlich, daß es sich nicht um einen Laborversuch 'zum Zwecke der Analyse' handelte, sondern um die Fixierung eines Lernschritts in einem pädagogischen Prozeß. Zu Beginn des zweiten (der beiden Übungssemester) Semesters wurde zunächst der Problemzusammenhang wieder hergestellt. Es schlossen sich Übungen zur situativen Variation des Sprechausdrucks an. Danach wurden Vorlesefassungen verschiedener Textsorten erarbeitet. Dann ging es "zur Sache". Ich kündigte den Studierenden zu Beginn einer Übungsstunde an, daß ich ihnen gleich wortlos eine alltägliche Handlung vor'spielen' werde (eine "Alltagspantomime"), und sie danach um einen möglichst genauen Bericht des von ihnen Beobachteten bitten möchte, der von mir für andere Hörer/innen auf Tonband aufgenommen werde. Sie sollten sich auf ihre Merkfähigkeit verlassen, d.h. keine schriftlichen Aufzeichnungen machen. Daraufhin begann ich vor den verblüfft oder erheitert Zuschauenden eine sprachfreie Alltagshandlung (vgl. GEISSNER 1972).

Unmittelbar im Anschluß an diese 'Vorstellung' begannen die Aufnahmen in freigewählter Reihenfolge. Damit die Studierenden sich nicht durch Zuhören gegenseitig beeinflußten, bat ich sie, vor dem Seminarraum zu warten, bis sie von jemandem, dessen/deren Bericht aufgenommen war, hereingerufen wurden. Der Aufenthalt auf dem Flur in einer angeregt sich unterhaltenden Gruppe sowie die kurzen Abstände zwischen den Aufnahmen ließen eine gründliche Planung oder gar eine schriftliche Vorbereitung nicht zu. Diejenigen, die gesprochen hatten, blieben als Zuhörende im Übungsraum. Das führte gelegentlich zu 'phonischen feedbacks', wenn der oder die andere etwas anderes berichteten als die - jetzt lachenden - 'Vorredner'.

Nachdem alle Berichte aufgenommen worden waren, wurden die Erfahrungen mit dieser mündlichen Situation besprochen, manchmal auch der 'richtige' Handlungsablauf skizziert oder mögliche Gründe für Ungenauigkeiten gesucht - je nach verbleibender Zeit. In jedem Fall wurde diese Übungsstunde aber mit der Bitte abgeschlossen, in der nächsten Sitzung eine schriftliche Fassung des Berichts mitzubringen.

Im Kontext der gesamten Übung war es den Teilnehmenden einsichtig, daß sie die schriftliche Fassung ihres Berichts nicht "stumm zu den Akten geben", sondern ihrer Gruppe vorlesen sollten. Diese Vorleseleistungen wurden ebenfalls auf Tonband aufgenommen. Auf diese Weise erhielt ich von jeder Person zu dem zuerst aufgenommenen freigesprochenen, also mündlichen, Bericht deren vorgelesenen schriftlichen Bericht. In der verbleibenden Zeit dieser Übungsstunde wurde über die eigenen Erfahrungen beim Freisprechen und Vorlesen gesprochen, über inhaltliche und stilistische Unterschiede, über Unmittelbarkeit und Mittelbarkeit, über Auswirkungen auf Planung und Darstellung oder Ähnliches.

In der darauf folgenden dritten Stunde dieser Sequenz überraschte ich die Studierenden mit der - zwischenzeitlich - verschrifteten Fassung ihres ersten mündlichen Berichts. Die Transkripte waren ohne die übliche Interpunktion geschrieben. Pausen unterschiedlicher Dauer waren durch einen oder mehrere Gedankenstriche gekennzeichnet. Außerdem waren die Transkripte nicht 'bereinigt', d.h. sie enthielten die "ähs", die Versprecher, Fragmente und Selbstkorrekturen.
Nun wurden die Studierenden gebeten, auch diesen 'Text' vorzulesen und sich dabei an die Sprechsituation zu halten, wie sie das Transkript wiedergab, das sie an Hörer weitervermitteln sollten. Es blieb den Vorlesenden freigestellt, ob sie auch die 'Einsprengsel' hörbar reproduzieren wollten oder nicht.

Hier folgen zwei Beispiele von Transkripten der mündlichen Berichte zum Vorlesen:

(1) Die VP begab sich zur Seite - zu einem (Magnef -) Magnetofonband das sich auf einem Schränkchen befand - - er - schaute sich - die Zahl des Magnetofonbandes an - begab sich sodann zurück zu dem - Pult - griff in die Tasche - nahm einen Vierfarbstift - heraus und schrieb sich auf einen Notizzettel eine Notiz - auf - danach griff sie - - (zur) - - - (eine) - ein Buch auf - in dem sie blätterte und eine gewisse Seite aufschlug - sie benutzte dabei ein (ä) Kollegheft um (ä) die Seite nicht zu verschlagen - - - nachdem sie sich eine Notiz aus diesem Buch auf den

eben genannten - Notizzettel auf - geschrieben hatte schlug sie das Buch zu - steckte es wieder ein und (ä) nachdem sie - die den Bleistift und die Briefmappe wieder in die Tasche zurückgesteckt hatte - war der Vorgang zu Ende -

(2) Die VP stand - einige Augenblicke vor dem Magnetofonband und begab - sich alsdann - zu dem Platz den sie vorher eingenommen hatte - sie setzte sich nieder - entnahm (ä) - ihrer Tasche (ä) ihrer Westentasche ein (ä) - Notizbuch - ein (ä) vielmehr eine Briefmappe - - - (ebenfalls schlu) zu gleicher Zeit schlug sie ein (ä) - Buch über Sprecherziehung auf - notierte sich - notierte sich mit einem - Vierfarbenbleistift mit einem Vierfarbenstift - - - eine kürzere Notiz in ihr (ä) - - - in ihr (ä) - Notizheft - - - faltete dieses alsdann - faltete alsdann wieder dieses Notizheft zu - schloß dieses Notizheft und (ä) - steckte den Vierfarbenstift ein -

Zu den beiden bereits gewonnenen Tonaufnahmen kam auf diese Weise je Teilnehmer/in eine dritte zu demselben Sachverhalt hinzu.

Schließlich gab es von **insgesamt 140 Personen je 3 Tonaufnahmen:**

1. **einen mündlichen Bericht,**   vereinfacht: SPRECHE
2. **einen vorgelesenen schriftlichen Bericht,** vereinfacht: SCHREIBLESE
3. **ein vorgelesenes Transkript von 1.,**   vereinfacht: SPRECHLESE

Das Material erlaubt folglich vergleichende Untersuchungen auf semantischen, syntaktischen und prosodischen Ebenen zwischen

a) mündlichen (verschrifteten) und schriftlichen Berichten   (1. : 2.)
b) freigesprochenen und gelesenen Berichten   (1. : 2. + 3.)
c) zwei Arten vorgelesener Berichte (Schreiblese und Sprechlese)   (2. : 3.)

4. UNTERSUCHUNG DER MÜNDLICHEN UND SCHRIFTLICHEN BERICHTE

Bevor die Analysen im einzelnen beginnen können, ist es sicher angebracht, noch einmal einige Voraussetzungen ins Gedächtnis zurückzurufen, allein schon, um Erwartungen nicht in eine falsche Richtung laufen zu lassen. Ich möchte zurückgreifen auf die Explanation von **'Faktoren der mündlichen Kommunikation'**, die in "Sprechwissenschaft" (GEISSNER ^{2}1988) gegeben wurden, auch als Grundlage der "Sprecherziehung" (GEISSNER ^{2}1986). Die an beiden Stellen in theoretischer oder didaktischer Absicht diskutierten Faktoren sind gebündelt in der Definition:

"(Miteinander-) Sprechen ist die kommunikative Reziprokhandlung, die
- **situativ gesteuert**
- **persongebunden**
- **sprachbezogen**
- **formbestimmt**
- **leibhaft vollzogen**
Sinn konstituiert und Handlungen auslöst."

Bezogen auf das vorliegende Untersuchungsmaterial heißt das:

Analysiert werden auf Tonband gespeicherte Aufnahmen kommunikativer Reziprokhandlungen, die
- während realer Lehrsituationen
- von Studierenden
- in deutscher Sprache
- als Berichte
- freigesprochen oder vorgelesen worden sind,
um einen beobachteten Sachverhalt an - anwesende oder vorgestellte - Hörer zu übermitteln.

Da das erkenntnisleitende Interesse dem Verhältnis 'mündlich : schriftlich' gilt, wird das vorher (3.1 und 3.2) zu der auslösenden Sprechsituation, den Personen der Studierenden und der Textform 'Bericht' Dargestellte als zureichend betrachtet.

Die Analysen werden sich hauptsächlich mit den Beziehungen zwischen den Faktoren **"sprachbezogen"** und **"leibhaft vollzogen"** befassen.

Wenn nämlich sprechdenkend Sinn produziert und Sinn hörverstehend koproduziert wird, dann immer nur im Zusammenwirken der sprachbezogenen und leibhaft vollzogenen Faktorenbündel, abhängig von den situativen, personalen und formativen Faktoren. "Hörverstehen und Sprechdenken beziehen sich folglich nie ausschließlich auf Semantisches und Syntaktisches, sondern immer und zugleich auf die leibhaften Faktoren als Faktoren der Sinnkonstitution" (GEISSNER [2]1986). Die Beziehungen zwischen 'Sprachlichem' und 'Sprecherischem' sind vor allem deshalb zu berücksichtigen, weil 'Freigesprochenes' und 'Vorgelesenes' untersucht wird. Isolierte semantisch-syntaktische Analysen sind deshalb ebenso unangemessen wie isolierte satzphonetisch-intonatorische Analysen. Während sprachwissenschaftliche Analysen sich nicht oder kaum um die Prosodie kümmern und apparativ-phonetische Analysen nicht oder kaum um die sprachliche Gestaltung, geht es der Sprechwissenschaft gerade um die Verbindung beider. Nur in der Verbindung beider wird in Sprechhandlungen hörverständlich Sinn produziert.

Anlage, Umfang und Zielsetzung dieser Untersuchung schließen Darstellung und Diskussion mancher 'Grundfragen' aus. So ist es leider nicht möglich, auf spezifische Probleme der 'Wahrnehmung von Gesprochenem' einzugehen (vgl. STICHT/ GLASNAPP 1972, FRY 1974, POMPINO-MARSHALL 1983, HELFRICH 1985) oder auf die Problematik von 'speech perception' (COHEN/NOOTEBOOM 1975, PISONI/ SAWUSCH 1975, STUDDERT-KENNEDY 1974, 1980) und Apperzeption oder 'cognitive processing' (CRONKHITE 1984, FRAUENFELDER/KOMISARJEVSKY-TYLER 1987). Wahrscheinlich ist es einsichtig, daß mit den genannten Fragen Problemfelder für separate Darstellungen genannt wurden. Auf andere - durchaus ebenfalls problematische - Felder wird dagegen im Verlauf der Untersuchungsschritte einzugehen sein, sowohl auf Fragen der Notation prosodischer Merkmale als auch auf das Verhältnis nicht nur von Intonation und Interpunktion, sondern von Intonation und Grammatik.

4.1 Erste Ergebnisse aus dem Gesamtkorpus

Die sprechwissenschaftliche Analyse begann mit 'Hören'; denn die freigesprochenen Berichte gab es zunächst nur als Tonbandaufnahmen. So lag es nahe, auch die vorgelesenen Berichte zunächst in ihrer akustischen Fassung als Schreiblese in einen ersten Vergleich einzubeziehen.

Sogleich beim ersten Anhören der freigesprochenen und vorgelesenen Berichte fiel auf, daß es teilweise erhebliche Unterschiede zwischen beiden Berichtsformen gibt; z.B. sprecherische in Sprechgeschwindigkeit und Pausen, Tonhöhenbewegung

und Kadenzen, oder sprachliche in Wortwahl und Wortlänge, Satzplanung und Satz-
umfang. Während die temporalen Ausdrucksqualitäten isoliert untersucht werden
könnten, und auch auf diese Weise wenigstens noch Hinweise gäben etwa auf
subjektive Sprechgeschwindigkeiten, ist eine isolierte Analyse melodischer Ausdrucksqualitäten nahezu sinnlos. Es gibt beispielsweise keine Kadenzen 'an sich',
sondern immer nur in oder an Grenzen von "Sätzen". Da nun die melodischen
Qualitäten nicht unabhängig sind von den temporalen, die temporalen umgekehrt
nicht unabhängig von den melodischen, sind auch die temporalen nicht isoliert zu
untersuchen, wenn sie als sprecherische Ausdrucksmerkmale sprechwissenschaftlich
analysiert werden sollen.

So haben Einzelergebnisse zur Sprechdauer

z.B.　Person X　　Versuch a: 57,00 sec　　Versuch b: 117,00 sec

　　　Person Y　　Versuch a: 106,00 sec　　Versuch b: 211,00 sec

oder Gruppendurchschnitte

　　　　　　　　Versuch a: 102,73 sec　　Versuch b: 179,32 sec

keinen verallgemeinerungsfähigen Aussagewert.

Die längere oder kürzere Sprechdauer muß ins Verhältnis gestellt werden zur
Menge des in dieser Zeit Gesprochenen, zur Anzahl der gesprochenen Wörter oder
Silben. Ebenso sinnlos ist es letztlich, die Kadenzen auszuzählen und zu diffe-
renzieren: Es kommen x fallende, y steigende, z 'gleichbleibende' Kadenzen vor.
Anzahl und Art der Kadenzierungen muß ins Verhältnis gestellt werden zur Glie-
derung des Gesprochenen, zumindest zur Art der 'Syntagmen' in den gesprochenen
Äußerungen.

Dementsprechend waren die Tonaufnahmen, sowohl der Spreche als auch der
Schreiblese in ihrer zeitlichen Dauer zu messen. Danach mußte die Spreche (a)
transkribiert werden als Voraussetzung für das Auszählen von Wörtern und Silben.
Die Texte der Schreiblese (b) lagen bereits im Wortlaut vor; bei ihnen mußten
lediglich noch die Veränderungen berücksichtigt werden, die beim Vorlesen auf-
getreten waren. Die Transkripte der Spreche (a) waren - wie geschildert - die
Grundlagen für die Sprechlese (c). Auch hier mußten die beim Vorlesen aufge-
tretenen Veränderungen berücksichtigt werden, die sich jedoch in Grenzen hielten.
Im großen und ganzen waren die Fassungen (a) und (c) nahezu identisch. Deshalb
wurden für die Analyse des sprachlichen Inventars nur die Versuche (a) und (b)
berücksichtigt.

Das Gesamtkorpus umfaßte:

(a) 17 977 Wörter

(b) 28 341 Wörter

≤ 46 318 Wörter
==================

Beteiligt waren 140 Versuchspersonen:

59 Frauen

81 Männer

Die Teilkorpora ergaben:

$f_{(n\ 59)}$ (a) 7 561 ⎤
                              ⎥ - 17 977 ⎤
$m_{(n\ 81)}$ (a) 10 416 ⎦   ⎥
                                          ⎥ - 46 318
f   (b) 11 266 ⎤   ⎥
                ⎥ - 28 341   ⎦
m   (b) 17 075 ⎦

Wird für die Wörter die Sprech- bzw. Vorlesegeschwindigkeit pro Minute errechnet, so ergibt sich folgendes:

(n = 140) (a) 112 595

(b) 152 516

(c) 134 087

Die geschlechtsspezifische Differenzierung ergibt:

$f_{(n\ =\ 59)}$ (a) 118 403 $m_{(n\ =\ 81)}$ (a) 106 787

(b) 155 715   (b) 149 282

(c) 135 347   (c) 132 827

In der Gesamtgruppe nimmt beim Vorlesen die Geschwindigkeit (= Anzahl der Wörter pro Minute) zu, beim Vorlesen der 'schreibgrammatischen' Fassung (b) beträchtlich mehr als bei der Sprechlese (c); diese steht zwischen (a) und (b). Auffällig ist, daß in allen drei Versuchen die beteiligten Frauen schneller sprachen und vorlasen als die beteiligten Männer.

Dieses erste Ergebnis verlangte nach einer Stützung. Geeignet schien es, die verwendeten Wörter auf die Häufigkeit verschiedenartiger Wortarten zu untersuchen. Die 46 318 Wörter des Gesamtkorpus wurden deshalb verdatet. Dabei wurde der

Schlüssel angewandt, der von Hans EGGERS für die Analysen im Sonderfor-
schungsbereich 100 entwickelt worden war. Die Daten wurden auf Lochkarten
übertragen und im Rechenzentrum der Universität des Saarlandes sortiert.

Wortarten

	$\lessgtr$ (n = 140)	SPRECHE	SCHREIBE
Konjunktion, nebenordnend satzverbindend		146	120
" " gliedsatzverbindend		777	1201
" unterordnend satzverbindend		196	280
" " gliedsatzverbindend		0	1
Infinitiv		245	386
Partizip, als Teil der Wortform		215	338
" Präsens		65	237
" Praeteritum		135	386
Präposition		1865	3167
Adverb, abgetrennt		718	1002
" des Ortes		116	207
" der Zeit		798	948
" übrige		335	424
Pronomen		2144	3250
Finite Verbform (Vollverb)		2649	3634
" " (modales Hilfsverb)		99	193
Adjektiv, attributiv		679	1539
" prädikativ		34	26
" in adverbialem Gebrauch		365	548
Artikel		2729	4384
Substantiv		3524	6027
sonstige, verstümmelte Formen		143	93
$\lessgtr$		17 977	28 341

Auf gleiche Weise wurden auch die Satzarten verschlüsselt und rechnergestützt
ausgewertet.

Satzarten

	≷ (n = 140)	SPRECHE	SCHREIBE
Hauptsatz		1005	1616
Fortsetzung des Hauptsatzes		1421	1628
Gliedsatz		226	385
Fortsetzung des Gliedsatzes		26	27
Gliedteilsatz		152	336
Fortsetzung des Gliedteilsatzes		18	20
Setzung		25	52
Fehler in der Satzplanung		105	17
	f (n = 59)	429	669
		616	676
		87	151
		6	10
		74	129
		10	10
		13	20
		53	5
	m (n = 81)	576	947
		805	952
		139	234
		20	17
		78	207
		8	10
		12	32
		52	12

Während es in gesprochenen und geschriebenen Berichten dieselben WORTARTEN gibt, ist eine vergleichbare Annahme für die SATZARTEN nicht unproblematisch; denn was ist ein 'gesprochener Satz'? Möglicherweise sind nicht einmal die Arten selbst problematisch, sondern die Bestimmung ihrer Anzahl in einem gegebenen Korpus; vorgängig: ihre Bestimmung in konkreten Sprechleistungen. Wenn also das Verhältnis 'mündlich : schriftlich' untersucht werden soll, dann ist vorab zu klären, ob und in welchem Umfang Quantifizierungen auf 'Satzebene' zulässig sind.

In einem diskursiven Text - wie auch in diesem hier - gibt die Interpunktion einige Anhaltspunkte, auf jeden Fall der Punkt oder seine emphatischen Vertreter '?' und '!'. Auf einer anderen Stilebene wäre auch die folgende Sequenz denkbar: "Oder?" - "Naja!" - "Eben." Wahrscheinlich sind die drei 'Holophrasen' auch an dieser Stelle nicht verständlich. Sollte es Schwierigkeiten geben, so lassen sie sich mit normgrammatischen Regeln auflösen; vielleicht hilft im vorliegenden Fall die Ellipsen-Regel weiter.

Eine andere Schwierigkeit ist jedoch fundamental. Sie läßt sich mit einem Rückgriff auf die Normgrammatik nicht lösen: In der tatsächlich gesprochenen Rede gibt es keine Punkte (oder deren gleichrangige emphatischen Vertreter). Dennoch ist fortlaufende Rede kein ungegliederter Lautstrom, sondern die in ihr geäußerten Denkschritte sind 'als solche' kenntlich gemacht. Dies geschieht freilich nicht durch Interpunktion fürs Auge, sondern fürs Ohr durch Intonation. Mit dieser Feststellung ist noch nichts ausgesagt über eine mögliche grammatische Funktion der Intonation. Hier wird zunächst nur ihre gliedernde und grenzende Funktion konstatiert, d.h. die Kennzeichnung der Einheiten im Mündlichen und Schriftlichen ist nicht identisch. Es gibt folglich einen definitorischen Unterschied zwischen geschriebenem 'Satz' und gesprochener 'Äußerung' (vgl. WINKLER 1962; vgl. 4.4.1)

4.2 Zufallsproduktion einer 'Kerngruppe'

Wenn ein Vergleich zwischen Mündlichem und Schriftlichem 'jenseits' der Wortebene unverzichtbar ist, und wenn es im Mündlichen eine 'Punkt-zu-Punkt'-Markierung nicht gibt, dann müssen die mündlichen Einheiten auditiv ermittelt werden. Die auditiv gewonnenen Einsichten entziehen sich allerdings einer intersubjektiven Überprüfung. Deshalb wurden Verfahren entwickelt, die akustischen Korrelate der auditiven Wahrnehmung zu fixieren, d.h. sie zu visualisieren. Die

Visualisierung akustischer Prozesse ermöglicht überdies eine apparative Analyse, die mit den Ergebnissen der auditiven Analyse jedoch nicht übereinstimmen muß.

An der beschriebenen Stelle der Untersuchung ging es nicht darum, sämtliche auditiven Eindrücke zu untersuchen, sondern zunächst und vor allem darum, die Grenzen der Äußerungen zu bestimmen. Es war von Anfang an nicht an ein Ausmessen der Kurven gedacht, sondern an die Visualisierung der Tonhöhenbewegungen, Kadenzen und Pausen zur Stützung der auditiven Eindrücke. Aus diesem Grunde wurden die Tonbänder mit sämtlichen Aufnahmen - 140 Aufnahmen von (a) + (b) + (c) - nach Braunschweig geschickt. Dort stand seinerzeit an der Physikalisch-Technischen-Bundesanstalt (PTB) der einzige Tonhöhenschreiber, der nach dem von Werner KALLENBACH entwickelten Verfahren arbeitete. Wenn Tonaufnahmen eine entsprechend hohe technische Qualität besaßen, konnte der Tonhöhenschreiber Aufzeichnungen von bestechender Qualität liefern.

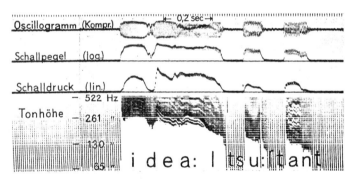

Tonhöhenaufzeichnung des Wortes «Idealzustand».

(KALLENBACH/SCHRÖDER 1961)

Die Aufzeichnung liefert - von oben nach unten - Zeitmarke (von Strich zu Strich 0,2 Sekunden), komprimiertes Oszillogramm, den Schallpegel (logarithmisch), den Schalldruck (linear) und schließlich die Tonhöhenbewegung; dabei bezeichnen die von oben durchgehenden senkrechten Linien Pausen bzw. stimmlose Konsonanten, die geschwungenen Linien unterschiedlicher Helligkeit die Vokale mit ihren Formanten; die untere Begrenzung dieser Linie zeigt - gegenläufig zur Schalldruckkurve - eine ungefähre Hüllkurve der 'Tonhöhenbewegung' an. Die weißen Horizontallinien geben die Oktaven an, die obere bedeutet 522 Hz, die nächste 261, die dritte 130, die am unteren Rand 65 Hz.

Derlei präzise Bilder hatte ich mir für meine weiteren Untersuchungen erwartet. Der 'Sichtungs'-Durchlauf meiner Tonbänder in Braunschweig brachte jedoch eine herbe Enttäuschung. Da die Aufnahmen nicht unter Laborbedingungen - in einem akustisch präparierten oder gar schalltoten Raum - gemacht worden waren, waren sie größtenteils nicht verwertbar. Die auditive Wahrnehmung wählt aus, fokussiert, hört störende Geräusche einfach weg. Die Maschine 'hört' im Grunde gar nichts, aber registriert alles; die Bohnermaschine auf dem Flur vor dem Seminarraum genauso, wie einen laufenden Motor im Hof. Das wirkt sich in den Aufzeichnungen mit dem Tonhöhenschreiber dann so aus, daß weder die Tonhöhenbewegung klar zu erkennen ist, noch das Klangspektrum. Sie werden überdeckt von uneindeutigen 'senkrechten' Geräuschlinien. Aus dem Idealzustand der Abbildung des gesprochenen Wortes "Idealzustand" wird dann vielleicht so etwas:

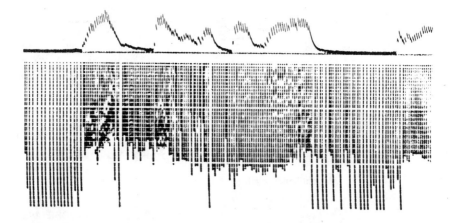

Aus theoretischen und didaktischen Gründen wollte ich allerdings beim Gewinnen der Berichte auf Realsituationen nicht verzichten, deshalb habe ich von Anfang an eine sterile und isolierende Laborsituation als verfälschend ausgeschlossen. Jetzt kam also die technische Quittung für eine pädagogisch richtige Einsicht. Allerdings war der Verlust nicht total. Die Braunschweiger Ingenieure stellten von einigen Tonaufnahmen dennoch Aufzeichnungen mit ihrem Tonhöhenschreiber her. Diese waren zwar vom technischen Idealzustand (s.o.) noch immer weit entfernt, aber für die Zwecke meiner Untersuchung dennoch brauchbar.

Das geschilderte Verfahren, also eine technische 'Panne', führte so per Zufall zu einer Auswahl aus dem Gesamtkorpus. Diese Zufallsauswahl ergab eine auch quantitativ noch vergleichbare "KERNGRUPPE":

Von 140 VPn gibt es Tonhöhenaufzeichnungen von 19 VPn = 13,57 %

von 59 Frauen	8	= 13,56 %
von 81 Männern	11	= 13,58 %

Alle nun folgenden Ergebnisse stammen aus Auswertungen dieser Gruppe $(n = 19)$: $f_{(n = 8)} + m_{(n = 11)}$. Nur an wenigen Stellen werden Ergebnisse aus der Gesamtgruppe herangezogen, um zu überprüfen, ob die Kerngruppe abweicht oder im Trend der Gesamtgruppe liegt.

4.3 Sprachliche Einzelergebnisse

4.3.1 Wortarten

Die Analyse der Wortarten wird durch die beiden folgenden Grafiken (S. 64 und 65) soweit verdeutlicht, daß sich der Kommentar auf einige besondere Auffälligkeiten beschränken kann.

Der Unterschied zwischen "Hypotaxe" und "Parataxe", zwischen untergeordneten und nebengeordneten 'Sätzen', wird häufig als Hauptunterscheidungsmerkmal zwischen Mündlichem und Schriftlichem angenommen. Die in den "freigesprochenen" und "vorgelesenen" Berichten gefundenen Mehrheitsverhältnisse lassen sich kaum zur Bestätigung dieser Annahme gebrauchen. Eine Zunahme von 0,11 % für hypotaktische Konjunktionen in der Schreibe ist nicht beweiskräftig. Erstaunlich ist in beiden Versuchen die Zahl der gliedverbindenden parataktischen Konjunktionen: in der Spreche 3,51 %, in der Schreibe 3,74 %. Doch dürfte auch die Differenz von 0,23 % zugunsten von (b) zur Definition eines Unterschiedes nicht ausreichen. Eher könnte dann die Differenz von 0,42 % nebenordnend parataktischer Konjunktionen zugunsten der mündlichen Berichte (a) aufschlußreich sein. Dabei sollte allerdings auf keinen Fall übersehen werden, daß der Wert für (a) und (b), also auch bei den mündlichen Berichten insgesamt, unter 1 % liegt. Außerdem muß überhaupt, d.h. für alle drei Kategorien, geklärt werden, was "satzverbindend" heißen soll, wenn im 'Mündlichen' andere Gliederungs-

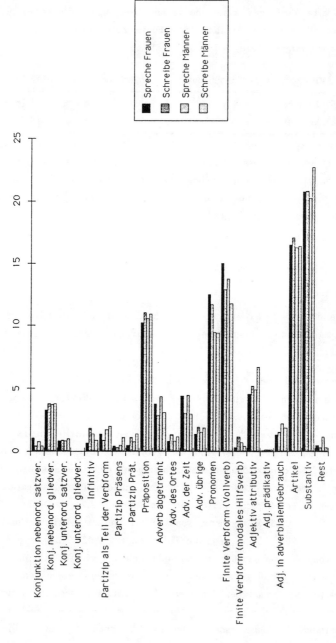

Prozentuale Häufigkeit der Wortarten

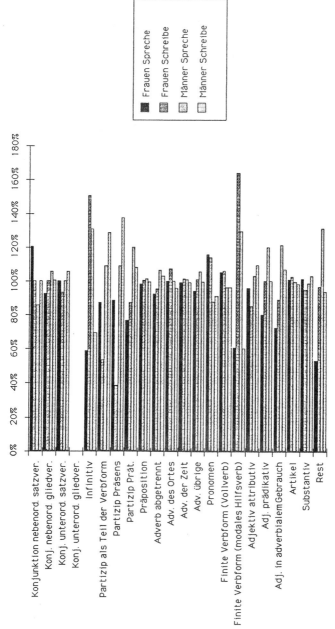

Relative Häufigkeit der Wortarten bezogen auf die Kerngruppe (=100%)

merkmale möglicherweise ganz andere 'Einheiten' schaffen. Die Kategorie "satzverbindend" steht unter dem Verdacht des 'linguistic bias', wenn die übergeordnete Kategorie "Satz" nur mit diesem bias auch auf das Mündliche übertragen wird.

Besonders auffällig ist in jedem Fall, daß die finiten Verbformen in den schriftlichen Berichten abnehmen und zwar um 2,12 %. Das könnte bedeuten, daß in den mündlichen Berichten erheblich mehr selbständige Äußerungen vorhanden sind. Das kann jedoch nicht von den Wortarten her entschieden werden, sondern erst mit Hilfe des nächsten Analyseschrittes, in dem es um die größeren Einheiten geht.

Die Zunahme der Substantive (+ 1,51 %) und der attributiv verwendeten Adjektive (+ 1,36 %) in den schriftlichen Berichten kommt dagegen nicht so unerwartet; auch nicht, daß die Artikel zunehmen (+ 0,29 %) und die Personalpronomen abnehmen (- 0,49 %). Auch die Umkehrung der Verhältnisse bei den Adjektiven bringt keine Überraschung. Während (a) unmittelbar von der Chronologie der Ereignisse geprägt war, folglich zeitliche Bezüge wichtig waren, nehmen in (b) die Zeitadverbien ab (- 1,47 %), die Ortsadverbien dagegen leicht zu (+ 0,43 %).

Das mag als Kommentar zur Analyse der Wortarten genügen. Es ergaben sich zwar die besprochenen Unterschiede zwischen (a) und (b), auch einige signifikante, jedoch keine 'Kluft' zwischen Mündlichem und Schriftlichem. Die Kohäsion zwischen beiden Darstellungsformen scheint gegeben. Nachzutragen bleibt noch, daß die Ergebnisse aus der Kerngruppe (n = 19) im Toleranzbereich mit denen der Gesamtgruppe (n = 140) übereinstimmen.

4.3.2 T T R

Im Fortgang der Analyse stellte sich die Frage, ob der Wortschatz von (a) und (b) über die Quantifizierung der 'Oberfläche' hinaus aufgeschlossen werden könnte. Eine ins einzelne gehende semantische Analyse schien jedoch für das Untersuchungsziel, die Bestimmung des Verhältnisses 'mündlich : schriftlich', wenig aufschlußreich.

Einigen Aufschluß könnte allerdings das Verhältnis der in beiden Berichtsarten verwendeten Wörter (der types) zur Häufigkeit ihres Gebrauchs (token) liefern. Die type-token-ratio, kurz: TTR, wurde - wie in 2.2 dargestellt - auch in verschiedenen anderen Untersuchungen herangezogen, wenn auch in anderer Absicht.

Um die TTR errechnen zu können, mußten zunächst von der Kerngruppe (n = 19) alle (!) mündlichen und schriftlichen Berichte im vollständigen Wortlaut 'getextet' werden. Aus diesen Texten wurden sodann vollständige Wortlisten sowohl für alle Berichte (a) als auch für alle Berichte (b) hergestellt. Erst danach konnte mit Hilfe eines speziellen Programms die TTR errechnet werden. Die drei Arbeitsschritte erfolgten im Rechenzentrum der EWH in Landau. Nach Rücksprache mit den Fachleuten dort habe ich auf eine Prozentualisierung verzichtet. Da die Ausgangsmengen in (a) und in (b) verschieden groß waren, hätte eine Prozentualisierung den Unterschied zwischen 'Äpfeln und Birnen' nicht aufgehoben, und das vorherige Umrechnen auf eine Vergleichsbasis hätte den Nachvollzug erschwert, die Werte aber nicht geändert. Deshalb werden die TTRs in der Mittelachse als Vergleichsgrundlage im GESAMT ((a) + (b)) gegeben, von da nach beiden Seiten nach SPRECHE und SCHREIBE je VP ausdifferenziert. Die untere Leiste gibt Durchschnittswerte für die Kerngruppe (n = 19).

(Tab. s. S. 68)

Die Differenz von SPRECHE und SCHREIBE ist im Gruppendurchschnitt minimal (- 0,017 %). Auch mit Hilfe der TTR war im gegebenen Material eine signifikante Differenz zwischen 'mündlich' und 'schriftlich' nicht nachweisbar. Auch dieses Ergebnis bestätigt zumindest auf der Wortebene die Kontinuitätshypothese.

N	SPRECHE			GESAMT	SCHREIBE		
	Types	Tokens	TTR	TTR	TTR	Types	Tokens
f 1	83	151	0.546	0.514	0.543	182	335
f 4	67	105	0.638	0.623	0.613	95	155
f 7	95	150	0.633	0.610	0.596	140	235
f 9	76	148	0.514	0.504	0.498	106	213
m 13	67	105	0.638	0.666	0.685	111	162
f 18	97	176	0.551	0.516	0.495	133	269
m 22	52	97	0.536	0.616	0.667	102	153
f 26	96	190	0.505	0.509	0.512	167	326
m 28	80	129	0.620	0.548	0.523	192	367
m 30	70	108	0.648	0.562	0.531	161	303
m 33	105	175	0.600	0.541	0.519	237	457
m 42	100	168	0.595	0.554	0.537	146	272
m 45	115	214	0.537	0.494	0.466	152	326
f 47	107	177	0.605	0.616	0.631	99	157
f 59	101	219	0.461	0.480	0.500	114	228
m 58	61	89	0.685	0.731	0.778	70	90
m 59	147	225	0.653	0.638	0.625	157	251
m 67	69	132	0.523	0.451	0.430	187	435
m 70	132	250	0.528	0.532	0.536	156	291
	1720	3008				2717	5025
N 19	SPRECHE :		đ 0.579	đ 0.565	đ 0.562	: SCHREIBE	

4.3.3 Satzarten

Wie vorher (4.1) bereits angedeutet, wurden nach den Wortarten auch die in SPRECHE und SCHREIBE vorkommenden "Sätze" nach dem Satzartenschlüssel verdatet und im Rechenzentrum sortiert (s. Grafiken S. 70, 71 und 72).

Auch hier will ich ein paar kommentierende Bemerkungen zu besonders auffällig scheinenden Ergebnissen anfügen.

Erstaunlich ist, daß die Zahl der selbständigen Hauptsätze in der SCHREIBE um fast 10 % zunimmt. Die erwartbare Zunahme von Hypotaxen gibt es dagegen nicht in entsprechender Anzahl. Die bei den Wortarten geäußerte Vermutung bestätigt sich also.

Erstaunlich ist es ebenfalls, daß "Fortsetzungen von Hauptsätzen" in der SCHREI-BE um 14 % weniger häufig vorkommen als in der SPRECHE. Dies könnte ein Befund sein, der für das Verhältnis 'mündlich : schriftlich' aufschlußreich ist. Um diese Vermutung überprüfen zu können, müßte allerdings zunächst geklärt werden, was "Fortsetzung von Hauptsätzen" in der SPRECHE bedeutet: Da die Punkt-zu-Punkt-Zählung aus genannten Gründen zur Feststellung von 'Sätzen' nicht möglich ist, kann auf eine abgewandelte Weise auch nicht ermittelt werden, was ein 'fortgesetzter Hauptsatz' ist. Vielmehr ist spätestens jetzt der Zeitpunkt gekommen, an dem die einfache Verschriftung von Gesprochenem keine verläßliche Grundlage der Analyse mehr liefert, sondern an dem zu prüfen ist, ob eine auditive Analyse bzw. eine Analyse, die sich auf ein Transkript mit prosodischer Notation stützt, zu anderen Ergebnissen kommt.

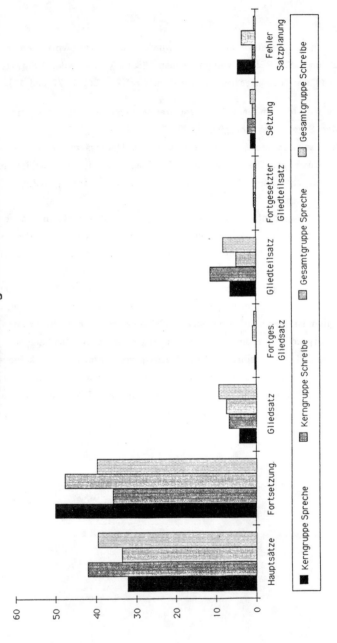

Prozentuale Häufigkeit der Satzarten

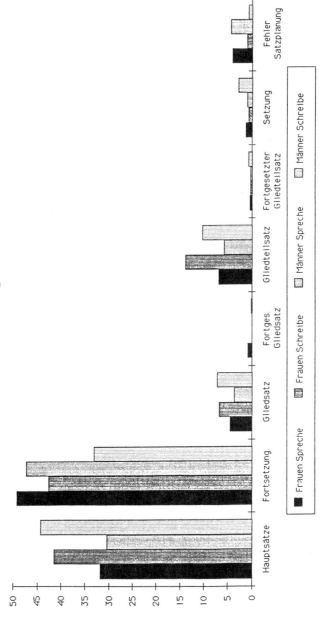

Prozentuale Häufigkeit der Satzarten

Relative Häufigkeit der Satzarten bezogen auf die Kerngruppe (=100%)

Ein Beispiel aus der verschrifteten SPRECHE der VP$_{m\ 67}$:

"nach einiger zeit ging sie in die andere ecke des zimmers nahm sich dort einen stuhl stellte den stuhl in die mitte des zimmers schaute wieder auf die uhr zog die uhr aus und legte sie auf den tisch"

Dieser "Hauptsatz" mit seinen 5 "Fortsetzungen" sähe normgrammatisch geschrieben so aus:

"Nach einiger Zeit ging sie in die andere Ecke des Zimmers, nahm sich dort einen Stuhl, stellte den Stuhl in die Mitte des Zimmers, schaute wieder auf die Uhr, zog die Uhr aus und legte sie auf den Tisch."

Der Sprecher wählte jedoch eine andere Gliederung. Er grenzte durch Pausen und Kadenzen folgende Äußerungen als selbständig ab:

"nach einiger zeit ging sie in die andere ecke des zimmers"

* * *

"nahm sich dort einen stuhl
und stellte den stuhl in die mitte des zimmers"

* * *

"schaute wieder auf die uhr
zog die uhr aus und legte sie auf den tisch"

Von der prosodischen Gliederung aus betrachtet handelt es sich eindeutig um drei Äußerungen. Bei der späteren SPRECHLESE (c) dieser Passage der SPRECHE (a), die dem Sprecher nach 2 - 3 Wochen in der ungereinigten Fassung vorgelegt worden war, wählte er genau dieselbe Phrasierung.

Die Phrasierungen dieser Passage in (a) und (c) werden durch folgende 'Hüllkurven' belegt (s. S. 74):

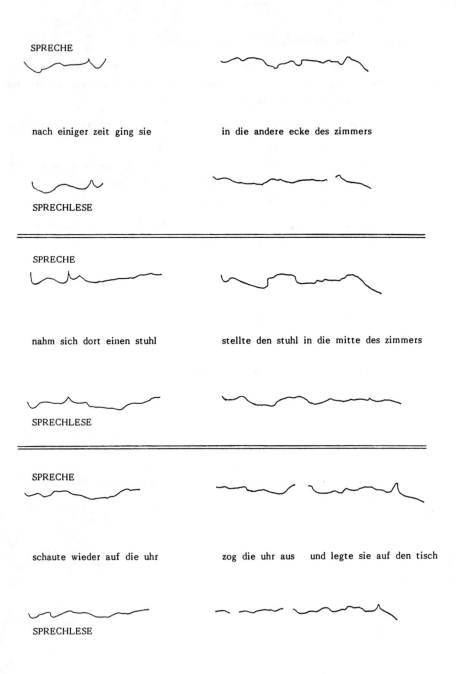

SPRECHE

nach einiger zeit ging sie

in die andere ecke des zimmers

SPRECHLESE

SPRECHE

nahm sich dort einen stuhl

stellte den stuhl in die mitte des zimmers

SPRECHLESE

SPRECHE

schaute wieder auf die uhr

zog die uhr aus   und legte sie auf den tisch

SPRECHLESE

4.4 Exkurs: Prosodische Notation

Die Frage wird aufgetaucht sein, mit Hilfe welcher Kriterien die voranstehende Gliederung aus der SPRECHE der VP m_{67} getroffen wurde und wie sie begründet werden kann. Es wurde bereits mehrmals darauf hingewiesen, daß in der Schrift viele der Gliederungsmöglichkeiten und Nuancierungen fehlen, die dem Sprechen eigen sind. Unter dem 'written language bias' könnte die Umkehrformulierung naheliegen, daß dem Mündlichen Gliederungsmöglichkeiten fehlen, die im Schriftlichen vorhanden sind. Dies wäre allerdings eine sehr kühne Aussage, die sich mehr auflädt als bewiesen werden kann. Angemessen ist es dagegen zu sagen, daß im Mündlichen die Darstellungsformen der Gliederungsmöglichkeiten fehlen, die dem Schriftlichen eignen. Es kann eben im Mündlichen keine Interpunktion geben, denn wo "zwischen" (inter) sollen sichtbare Punkte gestochen werden? Im Mündlichen gibt es auch keinen Unterschied zwischen Groß- und Kleinbuchstaben, da es mündlich überhaupt keine Buchstaben, sondern nur Laute gibt. Laute können nicht 'groß' oder 'klein' sein, sondern vielleicht lauter oder leiser, 'höher' oder 'tiefer', schärfer oder stumpfer. Im Mündlichen gibt es schließlich keine ähnlich großen Abstände zwischen den einzelnen Wörtern wie im Handgeschriebenen, schon gar keine zusätzlichen gleichen Abstände zwischen den einzelnen Buchstaben wie beim Gedruckten.

Während in schriftkulturellen Traditionen mit entsprechender Schul-Bild-ung das schriftbildliche Zeichensystem schulisch gelernt wird (Schrift, Orthographie, Interpunktion), wird das mündliche Zeichensystem in der Kommunikationspraxis gelernt, im alltäglichen Gebrauch als Integral einer "Lebensform". Allerdings geschieht dies nicht in einer Gebrauchweise, insofern ist der Singular 'das mündliche Zeichensystem' unrichtig, sondern es geschieht in sozial differenzierten Lebensformen im Zusammenhang ganz unterschiedlicher Tätigkeiten in verschiedenen Varietäten eines Systems. Die mündlichen Zeichensysteme lassen sich mit dem Oberbegriff Intonation bezeichnen. Die eingangs skizzierte Problemsituation kann folglich verkürzt werden auf die Frage nach dem Verhältnis von Intonation und Interpunktion.

Allerdings wäre mit dieser - in der Tat verkürzten - Fassung des Problems eine Antwort auf die eingangs gestellte Frage nach den Kriterien, mit deren Hilfe die zitierte Passage aus der SPRECHE gegliedert wurde, doch noch nicht möglich.

Während ein Verständnis von 'Interpunktion' allgemein vorausgesetzt werden kann, ist dies für 'Intonation' eher zweifelhaft.

Intonation wird einmal gebraucht als Oberbegriff sämtlicher hörbarer Sprechausdrucksmerkmale, der melodischen, temporalen und der artikulatorischen; Intonation wird zum anderen auch verwendet zur Bezeichnung vor allem der 'melodischen' Merkmale, besonders der Grundfrequenz (f_o) und ihrer Bewegungen.

Bereits der Versuch, Intonation im weiteren Sinn von Intonation im engeren Sinn zu unterscheiden, verwendet physikalische, physiologische und phonetische Bezeichnungen. Auf die damit angezeigten Schwierigkeiten kann hier freilich nicht im einzelnen eingegangen werden. Es kommt bei den einzelnen Bezeichnungen auf den jeweiligen wissenschaftlichen Zugriff an. Die beschreibende Erklärung des Hervorbringens ist etwas anderes als die des Hervorgebrachten, dessen Funktion in der Erzeugung größerer Einheiten wieder etwas anderes als die in der Verständigungshandlung.

In phonetischer Absicht werden kleinste unterscheidbare aufeinanderfolgende Einheiten als 'Segmente' beschrieben. Davon zu unterscheiden sind "Merkmale, die nicht nur Einzelsegmente, sondern größere Einheiten wie Silbe, Wort, Satz betreffen. (...) Es hat sich eingebürgert, solche Merkmale von den segmentalen abzugrenzen und sie als suprasegmentale oder auch prosodische Mittel zu bezeichnen" (HEIKE 1972). Was Georg HEIKE an der zitierten Stelle mit 'oder' gleichstellt, habe ich nach seiner Funktion zu unterscheiden versucht. "Was unter beschreibender Hinsicht (phonetisch) als suprasegmentale Merkmale beschrieben wird, wird in interpretierender Absicht (hermeneutisch) auch als prosodisches Merkmal gekennzeichnet" (GEISSNER [2]1986).

Diese Unterscheidung hat einmal den Vorteil, daß der Terminus 'Prosodie' an die Stelle von 'Intonation im weiteren Sinn' tritt; der Terminus 'Intonation', also künftig 'Intonation im engeren Sinn', meint: Grundtonhöhe, Tonhöhenbewegung (Melodie) und Kadenzen. Die Verwendung des Terminus 'Prosodie' zeigt nach der angeführten Definition zum zweiten an, daß es sich nicht oder nicht in erster Linie um forschendes Meßinteresse handelt, sondern um Interpretation, d.h. um verstehendes Einbeziehen in einen Sinnzusammenhang.

Es lassen sich experimentalphonetische und sinnesphysiologische Untersuchungen von isolierten Segmenten nicht auf tatsächlich Gesprochenes übertragen. Eberhard ZWIRNER hat dafür vor Jahrzehnten Gründe dargestellt; bedeutsam ist vor allem folgender: "... die Einstellung einer Versuchsperson auf Töne und Klänge und eines Gesprächspartners auf gesprochene Sätze (sind) zwei grundsätzlich verschiedenartige Sachverhalte" (ZWIRNER 1937). Es handelt sich in der Tat um einen qualitativen Unterschied. "It might be thought that the linguist who transcribes the intonation of a sentence is doing essentially the same job, within his human limitations, as a pitch-detector which records the variation of fundamental frequency of the same utterance. The difference between the two operations, however, is a qualitative one" (HIRST 1980; Hervorh. H.G.).

Zwar bedarf auch jede Interpretation, jede qualitative Auswertung der materialen Basis und deren quantitativer Analyse, aber selbst diese wird in hermeneutischer Einstellung (GEISSNER 1982 a) vorgenommen. Das Meßbare und Gemessene ist in jeder selbstreflexiven Wissenschaft nicht Selbstzweck, sondern immer nur Stütze für das zu Verstehende und Verstandene. Es ist der qualitative Unterschied zwischen 'Beobachten' und 'Verstehen'.
Freilich sind auch Beobachten und Messen oder Zählen etwas anderes als der Registriervorgang eines Apparates. Der Tonhöhenschreiber zeichnet unterschiedslos sämtliche Schallwellen auf, die ihm zugeleitet werden. Er hört - wie gesagt - nicht, er registriert.

Das Ohr dagegen ist "kein Hörapparat" (ZWIRNER), es wählt aus, genauer: Hörende wählen aus, was sie hören wollen, schon in der 'auditiven Wahrnehmung', um wieviel mehr im intentionalen "Hörverstehen" (GEISSNER 1984 a). Das, was alltäglich - oft eher schlecht als recht - 'funktioniert', muß dem subjektiven, situativen Vollzug entzogen werden, wenn erkannt werden soll, wie es funktioniert bzw. warum es nicht oder nicht mehr funktioniert, denn nur so sind Veränderungen möglich.
Eine Methode der relativen Entsituierung der prosodischen Merkmale ist ihre Notation. Im Unterschied zur musikalischen Notation, die sich als Mensuralnotation seit der Barockzeit stabilisiert und internationalisiert hat, gibt es für die Notation der 'prosodic features' kein allgemeingültiges System. Seit Jahrhunderten werden die unterschiedlichsten Verfahren angewendet. Die Entwicklung in Deutschland hat Christian WINKLER in seiner Dissertation untersucht (WINKLER 1931; vgl. auch MARTENS 1952). Mit dem Interesse an 'gesprochener' Sprache nimmt verständlicherweise auch das Interesse an den Möglichkeiten ihrer Notation zu. Je nach Forschungsinteresse wurden Verfahren zur 'suprasegmentalen Analyse' entwickelt (z.B. HEIKE 1969, LEHISTE 1972) oder zur "auditiv-phänomenalen Beurteilung" (RICHTER 1960) oder zur 'Gesprächsanalyse' (z.B. HENNE/

REHBOCK 1979). Oft beschränken sich die Verfahren auf die Transkription des Verbalen, d.h. sie notieren das Para-Verbale nur andeutungsweise (EHLICH/ SWITALLA 1976), der im spezifischen Verständnis nonverbale Ausdruck bleibt gänzlich unberücksichtigt (EHLICH/REHBEIN 1979, 1980). Das Zusammenwirken aller Ausdrucksformen, der verbalen, paraverbalen und nonverbalen, wird selten in den Notationen berücksichtigt (FINE 1984).

Statt einer ausführlichen Diskussion der einzelnen Systeme und ihrer 'Reichweiten' (vgl. DI CHRISTO 1975, WUNDERLI 1978) sei hier eine Zusammenstellung wiedergegeben, mit der HIRST (1980) eine Auswahl von 20 Verfahren an der Notation einer Äußerung demonstriert (Tab. s. S. 79).

Für beherzigenswert halte ich HIRSTs Feststellung: "It is, in any case, perhaps preferable to use a system which is either prosodic or abstract, rather than one which does not clearly distinct between the two levels of analysis" (HIRST 1980). Diese Ansicht bestärkt mich in der langgeübten Praxis, ein prosodisches Notationssystem zu bevorzugen.

Mit einigen Veränderungen verwende ich (vgl. GEISSNER [2]1986) das von Christian WINKLER entwickelte System. Aufbauend auf den Notationen von Franz SARAN und den SARAN-Schülern, hat WINKLER Jahrzehnte hindurch im Fortschreiten der Begründung seiner "Leselehre" (WINKLER [3]1962) Zeichen für Pausen, Kadenzen und Schwereabstufungen festgelegt. Freilich kann sein System nicht nur in der Leselehre angewendet werden, also als Hilfsmittel für interpretierendes Textsprechen, sondern auch zur beschreibenden Notation von Freigesprochenem oder Vorgelesenem.

Während die Verwendung des WINKLERschen Notationssystems in der Leselehre von schriftlich gegebenen Texten mit Absätzen und Sätzen ausgeht und deshalb in einzelnen Begründungen auf grammatische und grafische Einheiten zurückgreifen kann, ist dies beim Notieren von Freigesprochenem nicht möglich. Hier soll die Notation die hörbaren Gliederungen in ihrer sinnkonstituierenden Funktion überhaupt erst 'festhalten'.

Notation ist in zweifacher Hinsicht zu verwenden:

"a) zur Beschreibung von Gesprochenem als Voraussetzung seiner Interpretation, d.h. Analytik und Hermeneutik (...)

b) zur Erarbeitung sprecherischer Interpretationen schriftlich überlieferter Texte" (GEISSNER [2]1986).

a)	Peter˅	a cup of coffee´	or´tea	or something stronger˅
b)	⊅Peter	a⁻cup of⊼coffee	or⊼ea	or⁻something↘stronger
c)	'Peter↗	a 'cup of coffee↗	or tea↗	or 'something stronger↘
d)	P̄q̄ter	a⌐cup of⌐coffee	or tea	or⌐something⌐stronger
e)	Peter	a cup of coffee	or tea	or something stronger
	°2-4-3	3-°2- -2 °4- -3	3- °4-3	3- °2- -2 °3- -4
f)	³Pe¹ter²	²a ³cup of ¹coffee²	²or ¹tea²	²or ³something ²stronger¹
g)	\Peter↑	a⁻cup of⁻coffee↑	or↗tea↑	or⁻something↘stronger‖
h)	˅Peter	a 'cup of↗coffee	or↗ea	or 'something↘stronger
i)	P e t e r	a cup of coffᵉᵉ	or ₜeᵃ	something or strᴏnger
j)	³Pé¹ter²‖	²a ³cûp of ¹cóffee²‖	²or ¹téa²‖	²or ³sômething ²strónger¹#
k)	˅PETER|	a ' cup of COFFEE|	or↗TEA|	or↗'something↘STRONGER|
l)	˅Peter|	a|cup of / coffee|	or / tea|	or|something\stronger|
m)	˅Peter|	a 'cup of coffee|	or↗tea|	or 'something↘stronger|
n)	//4 Peter	//3^a /cup of /coffee	//3λ or /tea	//1^or /something /stronger//
o)	Péter	a cup of coffee	or tea	or something stronger
p)	˅Peter/	a •cup of coffee /	or↗tea /	or•something↘stronger/
q)	¹PĔter	a|cup of CÓFFee	or TÉA|	or|something STRÒNGer|
r)	3PETER1↑	2a 3cup of 1COFFEE2↑	2or 1TEA2↑	2or 3something 2STRONGER1↑
s)	°Peter +	a 'cup of °coffee +	or °tea+	or 'something °stronger//
t)	|PĔter|	a 'cup of cóffee		or téa		or 'something strònger

a)	SWEET, 1878	k)	ALLEN, 1954
b)	PALMER, 1922	l)	LEE, 1960
c)	SCHUBIGER, 1935	m)	O'CONNOR & ARNOLD, 1961
d)	PIKE, 1945	n)	HALLIDAY, 1963, 1967, 1970
e)	PIKE, 1945	o)	LIEBERMAN, 1967
f)	WELLS, 1945	p)	COOK, 1968
g)	FAURE, 1948, 1962	q)	CRYSTAL, 1969; QUIRK et.al., 1972
h)	KINGDON, 1948, 1958	r)	GUNTER, 1972
i)	BOLINGER, 1949, 1958	s)	HIRST, 1974, 1976, 1977c.
j)	TRAGER & SMITH, 1951	t)	LEECH & SVARTIK, 1975.

(HIRST 1980)

Es lassen sich also voneinander unterscheiden "deskriptive" und "interpretative" Notation. Bei der Verwendung der Notation in 'deskriptiver Absicht' fallen folglich einige der (bei WINKLER) gegebenen 'grammatischen' Begründungen weg. In pädagogischer Absicht, z.B. in der 'Leselehre', wird die interpretative Notation nicht selten 'präskriptiv'. Hier ist jedoch Vorsicht angeraten, wie Untersuchungsergebnisse in letzter Zeit deutlich gemacht haben, sowohl die von WINKLER (1979) selbst, vor allem aber die von Hans Walther ROYE (1983). Die verschiedenen Funktionen der Notation diskutiert auch GUTENBERG (1984 a, 1984 b).

Im Unterschied zu dem bei ROYE verwendeten 'Verschriftlichungsschlüssel' (ROYE 1983) oder den von Ursula GEISSNER verwendeten Transkriptionszeichen (U. GEISSNER 1985) verwende ich in der jetzigen Untersuchung die in der "Sprecherziehung" (GEISSNER [2]1986) dargestellten Zeichen. Da es sich im folgenden bei der Verschriftung der SPRECHE von 19 Versuchspersonen um größere Textmengen handelt, halte ich die von Hand eingesetzten Zeichen für übersichtlicher als die in einer Rede-Analyse verwendeten Maschinenzeichen (vgl. GEISSNER 1985).

4.4.1 Äußerung vs. Satz

Von entscheidender Bedeutung für die Notation der - zunächst - auditiv ermittelten Gliederung des Gesprochenen ist es, die Abgrenzung von "Einheiten" festzustellen. Da es ein Untersuchungsziel ist, die möglicherweise vorhandenen Besonderheiten im Mündlichen kennenzulernen, scheidet nicht nur die grammatische Einheit 'Satz' aus, sondern auch die Bezeichnung "Satz", die auf jene grammatische Einheit referiert. Christian WINKLER hat zur Bezeichnung der sprecherischen Einheit den Terminus "Ausspruch" eingeführt, also "Satz" und "Ausspruch" voneinander unterschieden (WINKLER 1962; vgl. auch seine Darstellung der Ausspruchsgenese, [2]1969). Laut DUDEN wird "Ausspruch" häufig im Sinne von "Sentenz" verwendet, als ein "von einer bekannten Persönlichkeit geprägter Satz". Die Verwendung von "Ausspruch" zur Bezeichnung der kleinsten Einheit im Mündlichen kann deshalb zu Verwirrungen führen. Deshalb halte ich es für angebracht, einen weniger mißverständlichen Ausdruck zu verwenden. Hier bietet sich als Terminus "Äußerung" an, der zudem vorteilhafterweise mit dem im Angloamerikanischen gebräuchlichen "utterance" übereinstimmt. Jedoch gilt es, auch hier noch auf einen Unterschied hinzuweisen: Während ROYE den (vollständigen) Gesprächsbeitrag, jeden 'turn' eines Sprechers, "Äußerung" nennt (ROYE 1983), bezeichnet "Äußerung" bei mir eine selbständige gesprochene Einheit. Damit ist zwar eine Entscheidung getroffen über die Bezeichnung der Sprecheinheit, aber noch nichts gewonnen für die Ermittlung des damit Bezeichneten. Nach dem zuvor Dargelegten kann allerdings schon ergänzt werden, daß die Äußerung als kleinste gesprochene Einheit eine prosodische Einheit sein muß.

Mit dieser Feststellung geraten wir erneut in einen Wirbel spezialwissenschaftlicher Annahmen; denn zur Definition der prosodischen Einheiten werden verwendet: phonological word, phonological phrase, clitic group (Akzentgruppe), intonational phrase, tone unit, information unit, breath unit, idea unit, mot prosodique, utterance unit bzw. utterance. An dieser Stelle muß ich wiederholen, was bereits in anderer Hinsicht gesagt wurde: Art und Umfang meiner Untersuchung schließen es aus, die hinter diesen Bezeichnungen stehenden Theorieansätze kritisch zu diskutieren. Eine Ausdifferenzierung der Meinungen und Forschungsergebnisse verlangte eine eigene Abhandlung (z.B. PHEBY [2]1975, MOUCHET 1978, Ph. MARTIN 1980, SELKIRK 1980, H. MARTIN 1981, LÖTSCHER 1981, FOX 1984, NESPOR/VOGEL 1986, WIESE 1986, ESSER 1987). Unbestritten scheint die Aussage: "Research has demonstrated that the utterance unit is the basis unit of neural encoding in speech" (H. MARTIN 1981).

Nach meinen Untersuchungen definiere ich 'Äußerung' wie folgt:
Äußerung ist eine prosodische Einheit, die im Regelfall von Pausen begrenzt ist, eine zentrale Hervorhebung ('Akzent') hat und (oft) eine fallende Kadenz.

Als Beispiel wird die bereits grafisch veranschaulichte Äußerung wiederholt:

m $_{67}$ nahm sich dort einen stuhl
      stellte den stuhl in die mitte des zimmers

Diese Äußerung ist - obwohl grammatisch 'unvollständig' - erkennbar von Pausen begrenzt, hat einen Hauptakzent und schließt mit einer deutlich fallenden Kadenz.

Freilich sind nicht alle Einheiten so klar bestimmbar. Der Versuch, in uneindeutigen Fällen, in denen entweder keine "grenzende" Pause feststellbar war oder keine eindeutig fallende Kadenz, hörbares Einatmen als delimitatives Signal zu nehmen - also eine 'breath unit' als Einheit - erwies sich als unzuverlässig.

Manchmal wurde geatmet an Stellen, an denen eine 'Grenze' möglich gewesen wäre, jedoch keine Pause vorkam, dann wieder wurde an eindeutigen Pausen nicht geatmet:

f $_9$ ... schauten einen augenblick zum fenster hinaus $\ulcorner$ und ...

statt dessen 'zwischen' von Pausen eingeschlossenen Stücken, also innerhalb der Äußerung

f $_7$ $\lrcorner$ und warf ihn (äh) $\overset{\text{Atmung}}{}$ lässig auf den Tisch $\ulcorner$

Allgemein läßt sich sagen, daß es zumindest bei den von mir untersuchten Sprech- und Vorlese-Aufnahmen schwierig war, die Einatmungen zu hören. Deshalb war eine Gliederung nach breath groups, nach Atemeinheiten, nicht möglich.

Dagegen hat sich ein anderes prosodisches Merkmal als tauglich erwiesen, um in Zweifelsfällen zu einer Entscheidung zu kommen: der jeweilige intonatorische Beginn nach einer delimitativen Pause mit deutlichem Tonsignal.

Auf Pause mit fallender Kadenz $\wedge$ erfolgte oft eine steigende bzw. 'höhere' Intonation der nächsten Äußerung, notiert mit $\lrcorner$

z.B. m $_{13}$ ... und geht darauf an den tisch zurück $\wedge$
$\lrcorner$ er greift ...

Oder es erfolgt auf eine längere Pause mit nicht eindeutig fallender oder 'schwebender' Kadenz, bezeichnet mit $\wedge$ oder $\ulcorner$, eine fallende bzw. 'tiefere' initiale Intonation der nächsten Einheit, notiert mit $\lrcorner$

z.B. m $_{30}$ ... ein grünes band auf $\wedge$
$\lrcorner$ und setzt ...

Auf diese Weise wurde die SPRECHE der Kerngruppe (n = 19) notiert, um nach der Auszählung der Äußerungen die gesuchte Vergleichsmöglichkeit mit den 'Sätzen' ihrer SCHREIBE zu haben.

4.4.2 Notierte Transkripte der SPRECHE von 19 Versuchspersonen

Ein wichtiger Schritt dieser Untersuchung ist - wie bereits begründet - der Vergleich zwischen SÄTZEN als den kleinsten Einheiten der SCHREIBE und ÄUSSERUNGEN als den kleinsten Einheiten der SPRECHE. Damit 'Sätze' und 'Äußerungen' verglichen werden können, ist es erforderlich, die SPRECHE mit Hilfe prosodischer Gliederungszeichen zu notieren.

Wie geschildert, werden als optische Zeichen für die akustischen Kadenzen verwendet:

↘	fallend
↗	halbfallend
⌐	bleibend
⌐	schwach steigend
⌐	steigend

als Zeichen für initiale Tonhöhenwechsel:

⌐	'hochtoniger' Beginn
∟	'tieftoniger' Beginn

als Zeichen für die zentrale Schwere:

x	(über dem Vokal der entsprechenden Silbe)

Die 'akzentuelle' Binnengliederung bleibt unbezeichnet.

Längere grenzende Pausen werden mit ↘| bzw. ↗|| usw. gekennzeichnet, gliedernde Pausen mit ' bzw. ''' usw.

'Grenzende Pausen' sind Pausen am Ende von Äußerungen, 'gliedernde Pausen' sind Pausen innerhalb von Äußerungen.

Die auditiv festgestellten - und von den Aufzeichnungen des Tonhöhenschreibers her kontrollierten - selbständigen Äußerungen beginnen jeweils eine neue Zeile; Fortsetzungen von Äußerungen bzw. unselbständige 'Toneinheiten' werden um fünf Anschläge eingerückt.

Es folgen die prosodisch notierten Transkripte der SPRECHE der Kerngruppe (n = 19), zunächst die der Frauen $f_{(n\ =\ 8)}$, dann die der Männer $m_{(n\ =\ 11)}$.

f₁ (a)

⌐ herr geissner zog seine uhr aus ⌐
        ⌐ und legte sie auf den tisch \
⌐ dann nahm er das ' verworrene kabel ⌐
        seines ' aufnahmegerätes ⌐
            ⌐ und steckte es in die steckdose \||
⌐ darauf wurde das mikrofon auf den tisch gestellt ⌐|
⌐ und dann ⌐
⌐ stellte er den linken knopf des gerätes an ⌐
⌐ dann ' nahm er den ' anderen kabel an dem das ⌐
⌐ ich weiß nicht recht was das ist ⌐
⌐ an dem das ' mikrofon angeschlossen war ⌐
        betrachtete es ⌐
        bückte sich ⌐
        und steckte es ein /\
⌐ dabei hinderte ihn ' die schublade ⌐
        die offenbar aufstand und ⌐
⌐ er machte sie zu \
⌐ dann setzte er sich auf die atembank ⌐
        drehte den anderen knopf an ⌐
⌐ dann stand er auf ⌐
        ging zu seinem tisch ⌐
        setzte sich auf den ledersessel ⌐
        nahm ein buch aus der '' schublade ⌐
            ⌐ und ' schlug es auf \
⌐ es war ein notizkalender ⌐
⌐ so sah es wenigstens aus ⌐
⌐ dann nahm er seinen vierfarbstift ⌐
⌐ diesmal ' suchte er aber keine farbe heraus ⌐
        und schrieb ' ein paar worte ⌐
        dann stand er auf \

f₄ (a)

⌡ die versuchsperson erhob sich von ihrem platz auf dem ˣtisch ⌐

    betrachtete ein in der nähe des fensters stehendes (äh) tonbandgerät ⌐

    ⌐ und ging dann zum tisch zurück ⌐

    setzte sich aber auf den stˣuhl \

⌡ dann entnahm sie ihrer linken inneren jackentasche ⌐

    eine brieftasche und einen blˣeistift \ |

⌐ und ' machte auf ein stück papier '

    das sie der brieftasche entnahm ⌐

    eine noˣtiz \ | |

⌐ (die per) die versuchsperson öffnete ' ein broschiertes buch ⌐

    suchte eine zeitlang darin ⌐

    und ' fand schließlich die stelle die sie gesucht hatte ⌐

    und machte wieder eine notiz auf dasseˣlbe blatt \ |

⌡ dann klappte sie das buch zu ⌐

    steckte die brieftasche in die rechte innere jackentasche ⌐

    und (äh) ' der vorgang war beˣendet \

f$_7$ (a)

⌐ ich beobachtete daß die gestalt in ' aus ihrer lässigen haltung vom tisch '
herabglitt ⌐
⌐ etwas nachdenklich sich zum ' fenster bewegte ⌐
  aus dem fenster herausstarrte ⌐ |
⌐ in gedanken versunken '
  doch irgendwie ' etwas beobachtend ⌐
  die stirn in falten gezogen ⋀
⌐ was mich darauf schließen ließ
  daß ' (der) '' die person mit sich '' selbst irgendwie beschäftigt war ⌐
⌐ dann zog sie einen ' briefumschlag aus der tasche ⌐
  (warf (äh) etwas (äh)) ⋀
  (ohne viel be ' (äh)) ⌐
    ⌐ öffnete den umschlag ⌐
    ⌐ und warf ihn ' (äh)   lässig auf den tisch ⌐
⌐ öffnete ' entfaltete das papier ⌐ |
  vertiefte sich einen augenblick hinein ⌐ |
⌐ dann (äh) ' warf ' die gestalt einen prüfenden blick auf '' die tafel ⌐
⌐ wir ' ich konnte dann feststellen
  daß es sich um ein plakat handelte ⌐
  und ' die gestalt prüfte ⌐
  ob es ' möglich und angebracht sei ' dieses papier ' an dieser tafel '
  in irgendeiner weise ' anzubringen ⋀||
⌐ daraufhin '' (ähm) ''''' wurde (das pap) ' der briefumschlag zerknüllt |
⌐ und ' die gestalt (nahm wieder ' ungefähr) ' kam wieder zum tisch
zurück ' und ⌐
⌐ das ' ist ungefähr ' alles ⋀

f₉ (a)

⌐ sie gingen vom tisch langsam zum fens͎ter ⌐

    schauten einen augenblick ' zum fenster hinaus ⌐

    und sahen dann (äh) '' (äh) einige augenblicke lang nachdenklich ins

    zimmer ⌐

    zogen daraufhin ein kuvert aus der tas͎che ⌐

    öffneten es langsam ⌐

    (äh) gingen in eine andere ecke des zimmers ⌐

    und warfen im vorbeigehen das kuvert auf den, tis͎ch ⅄

⌐ daraufhin (äh) ' entfalteten sie (äh) '' den zettel ⌐

    ⌐ und ' sahen einen augenblick hinei͎n ⌐

    woraufhin (äh) ' sie ihn an die tafel hefteten ⌐

    und wir konnten (äh) einen blick darauf wer͎fen ⅃

⌐ sodann nahmen sie es ⌐

    legten es auf den tisch ⌐

    setzten sich auf den tisch ⌐

    und zogen aus ' der ' der rechten (brust) ' (äh) brusttasche eine '

    brieftasche ⌐

    nahmen einen zettel und einen bleistift ⌐

    und notierten sich ' etwas von dem plakat͎ ⅄

⌐ daraufhin steckten sie (zettel) ' den zettel wieder in die brieftasche

zurück ⌐

    die brieftasche zurück in die linke brus͎ttasche ⅃

⌐ daraufhin (äh) nahmen sie das ' (äh) kuver͎t ⌐

⌐ zerknüllten es '

    und steckten es in die tasche ⅃

f $_{18}$ (a)

⌐ die versuchsperson befand sich am fenster ⌐
   ging mit wenigen schritten ' auf den ' tisch zu ⌐
   zog sich einen stuhl hervor ⌐
   setzte sich langsam nieder ⌐
   schlug die beine übereinander ⋀
⌐ und zog nun aus der linken rocktasche ⌐
⌐ aus der äußeren rocktasche ⌐
   ein kleines büchlein heraus ''
   mit gelbem einband ⋀
⌐ schlug es auf ⌐ |
   blätterte etwas darin ⋀ ||
⌐ zog dann aus der rechten ' inneren rocktasche ⌐
   ein blatt papier ⌐
   aus der linken ' inneren rocktasche '' einen blauen ' kugelschreiber ⌐
⌐ suchte wieder in dem buch ⌐
   eine bestimmte stelle augenscheinlich ⌐
   fand diese stelle ⌐
⌐ schrieb etwas ⋀
⌐ die arbeit hatte keine eile ⋀
⌐ die versuchsperson zog (aus dem) ' aus der rechten äußeren rocktasche
ein ' braunes lederetui '' hervor ⌐
      ⌐ das sich entpuppte als ein '' zigarettenetui ⌐
⌐ zog zugleich aus der linken ' äußeren rocktasche '' streichhölzer hervor ⌐
⌐ eine streichholzschachtel ⌐
⌐ zündete sich die zigarette an ⋀
⌐ rauchte ein paar züge ⌐ |
⌐ suchte einen ' aschenbecher ⌐
   fand keinen ⋀ |
⌐ suchte mit den augen einen aschenbecher ⋀
      ⌐ leerte '' die '' streichholzschachtel aus ⌐
⌐ und benutzte '' eine hälfte davon ' als aschenbecher ⌐
⌐ (äh) rauchte ein paar züge ⋀

Fortsetzung f_{18} *(a)*

⌠ *nahm dann um weiterschreiben zu können die zigarette in die linke* '
hand ⌐|
⌐ *und schrieb weiter aus dem buch ab* $\overset{x}{\;}$ ⋀

f$_{26}$ *(a)*

⌠ die versuchsperson ging vom fenster aus ⌐
    auf das pult in der mitte des räumes zu ⌐
⌐ zog einen stuhl ' hervor der darunter stand ⌐
    setzte sich darauf ⌐
⌐ öffnete '' den deckel eines tonbandgerätes ∧
    das auf dem tisch (ste) stand ⌐
⌐ legte den deckel ' auf einen tisch vor dem pult ⌐ ||
⌐ nahm dann ' eine '' alte spule mit einem ' band herunter ⌐ |
⌐ wechselte ''' die spule ⌐
    die ' leere spule auf den ' anderen platz ∧
⌐ nahm dann aus einer ' schachtel ein neues ' band heraus ⌐
⌐ das (er erst mit) ' das durch ein grünes band ∧
    als ungebraucht gekennzeichnet war ⌐
⌐ dieses ' bändchen wurde ' mit einer kleinen schere durchschnitten ⌐
    (das die versuchs) ' die die versuchsperson '' aus ihrer ''
    aus ihrer tasche hervorholte ⌐ |||
⌐ dann ' nachdem sie die schere wieder ' in die tasche gesteckt hatte ⌐
    legte sie das neue ' (bandgerät auf) ⌐
    das neue band auf ⌐ ||||
⌐ (nahm ihre) ''' und ' legte es ⌐
    genau in das bandgerät ein ⌐
    spulte es auf die ' leere spule ' auf ⌐
    zu einem gewissen teil auf ∧
⌠ dann nahm die versuchsperson die ' armbanduhr '' vom handgelenk ⌐
    legte sie vor sich auf das pult ⌐ |||||
⌐ stell ' (äh) '' stöpselte dann das mikrofon ' in das bandgerät ein ⌐
⌐ nahm aus der tasche ein notizbuch hervor ⌐
    daraus einen zettel und machte sich darauf einige notizen ∧

f_{47} (a)

⌠ nach einem blick auf das tonband ⌐

  beugte sich v ' p ' in die nähe des bodens zum schalter

  und steckte (den) ' das tonband dort ein ⌐ ↖

⌠ dann betätigte er zwei tasten ⌐

⌠ anschließend ' vergewisserte er sich ' daß ' '

  auf der ' rückseite des tonbandgerätes ' der ' stöpsel eingesteckt war ↖

⌠ er ging zum tisch rückte den stuhl heraus setzte sich ⌐ |

⌐ er ' entnahm ' der rechten ' tasche ' seines sakkos ' eine brieftasche ↖

⌠ diese ' öffnete er ⌐

  und entnahm ihr einen ' briefumschlag ↖

⌠ er machte sich notizen ↖

⌠ worauf ' er diese notizen machte ↖

  ob auf dem briefumschlag ⌐

  war von meinem platz aus nicht zu erkennen ↖

⌐ ebenso nicht der weitere verbleib dieses ' briefumschlags ↖

⌠ nachdem er den briefumschlag geöffnet hatte ⌐

  entnahm er ihm einen roten prospekt ↖

⌠ ich möchte jetzt in der reihenfolge etwas richtigstellen ⌐

  nachdem dies geschehen war erst ⌐

  wurden die notizen gemacht ↖

⌠ anschließend ' ' ' öffnete er seine brieftasche wieder ⌐

  legte den prospekt hinein ↖

⌠ er schaute über ⌐ |

⌐ die brieftasche wurde wieder geöffnet ⌐

  der prospekt ungefähr in einem viertel ' seiner breite geknickt ' '

  wieder in die brieftasche zurückgelegt ⌐

⌠ die brieftasche ' wurde wieder ' in die rechte tasche ' des sakkos

  woher sie gekommen war ' zurückgesteckt ↖

⌐ und ' vp stand auf ↖

f$_{59}$ (a)

⌐ eine versuchsperson sitzt in der rechten ecke ' des saales ' auf einem
ti̽sch \

⌐ sie schaut nervös auf die u̽hr ⌐

⌐ schaut auf die tü̽r \

⌐ und erwartet allem anschein nach jemand '' aber es ko̽mmt niemand \

⌐ dann steht sie auf ⌐

    wandert im saal umher ⌐

    schaut zum fenster raus ⌐

    schaut nochmal auf die tür ⌐

    schaut auf die uhr ⌐

    sehr nervös '' aber ⌐

⌐ dann geht sie in (äh) ' die andere ecke ' des ' zi̽mmers ⌐

⌐ nimmt einen stuhl ⌐

    und ' (äh) stellt ihn an den ti̽sch ⌐

⌐ und setzt sich auf den stu̽hl \

⌐ dann ' legt sie die a̽rmbanduhr ⌐

⌐ löst sie vom ha̽ndgelenk ⌐

⌐ und ' legt sie vor sich auf den tisch \

⌐ sie (äh) ' die versuchsperson ' zieht aus ' der rechten rocktasche ' einen '
bri̽ef ⌐

⌐ (äh) ' öffnet den briefumschlag ⌐

    zerknüllt den briefumschlag ⌐

    und sucht einen papi̽erkorb \

⌐ und ' weil sie keinen findet \

    wirft sie ihn ⌐

⌐ (äh) steckt sie ihn in die jackentasche zurü̽ck \

⌐ den ' brief '' (ähm) '' den brief entfa̽ltet sie \ |

⌐ und '' (aus) dann (sie äh) zieht (sie äh) die versuchsperson die brie̽ftasche

    aus '' der rocktasche ⌐

    holt daraus ein kale̽nderblatt ⌐

⌐ und vergleicht allem anschein nach das da̽tum ' mit dem ' mit dem brief ⌐ |

Fortsetzung f_{59} (a)

⌐ dann zieht ' sie noch einen zettel (aus dem) '' aus der brieftasche Γ

    holt sucht einen kugelschreiber Γ

⌐ und macht sich notïzen \ |||

⌐ (ähm) \ ||

⌐ danach gibt (äh) ' resigniert gibt die versuchsperson das warten auf Γ

    zerknüllt den brief Γ

⌐ und ' setzt sich wieder '' an den tisch ' oder wohin \

m$_{13}$ *(a)*

⌠ die versuchsperson geht auf ein ' in der ecke des zimmers stehendes
tonbandgerät z̽u ⌐

    ⌠ betrachtet dieses gerät sehr nachdenklich ⌐ |

    ⌠ und geht darauf an den tisch zur̽ück ⅄||

⌠ er greift (in die link) in die rechte rocktasche ⌐

    entnimmt daraus eine briefmappe ⌐ |

    und dieser wieder ' ein gefaltetes blatt papier ⅄|||

⌠ auf das papier macht er eine kurze notiz ⌐

    ⌠ und so ' als sei er mit dieser notiz noch nicht zufrieden

    greift er auf ein vor ihm liegendes '' buch ⌐

    schlägt eine ⌐

⌊ wie mir scheint ⌠

    suchend eine bestimmte (äh) (se) (äh) seite auf ⌐

    ⌠ und macht sich wiederum eine ' weitere notiz ⅄||

⌠ daraufhin steckt er das ' papier wieder in die ' briefmappe '
und beides wieder in die röcktasche ⅄

m₂₂ (a)

⌐ vp ging an den tisch ⌐

⌐ zog ' den stuhl hervor
                    x
und setzte sich auf ihn \|

⌐ vp zog aus der ' rechten ''' jackentasche ⌐

⌐ ein dünnes buch hervor ⌐

aus der linken ' einen zettel ' und ''
              x
einen kugelschreiber \ ||

⌐ vp blätterte '' in dem ' buch ⌐
                          x
und ' suchte '' prüfend etwas ⌐
                                                      x
⌐ und machte sich ' eine ' kurze notiz ' auf ' den ' zettel \|

⌐ vp ' zog aus der rechten ' jackentasche ⌐
              x
⌐ ein ' zigarettenetui hervor ⌐
                                    x
⌐ aus der linken gleichzeitig ' eine streichholzschachtel ⌐
                  x
⌐ zündete sich ' die zigarette an ⌐

⌐ schüttete die streichhölzer aus der schachtel ' und ⌐ |
                              x
benützte ' die ' schachtel als '' aschenbecher \|

⌐ vp ' blätterte weiter ' in dem buch ⌐

und setzte ' ihre ' notizen ' auf ' dem '' blatt papier fort \

m_{28} *(a)*

⌐ die versuchsperson ' stand am oberen ende '' der fensterfront ⌐

  auf der linken hälfte des saales ⌐

   ⌐ und schaute ' zunächst ' ein wenig ' in den angrenzenden '' innen-
hof hinůnter \ |

⌐ sie führte kurz ' die hand ' an ' die ' nåsengegend ⌐

⌐ und begab sich dann ' in ' die ' mitte ' des saales ⌐

  vor das '' půlt ⌐

⌐ auf dem ' ein (äh) '' verschlossenes (äh) ' magnetofonbandgerät stånd \ ||

⌐ sie nahm ' sodann auf dem ' stuhl platz ⌐ |

  nahm ' den (äh) deckel ' des ' gerätes ' åb ⌐ ||

⌐ entfernte ' eine ' leere spůle ⌐ ||

⌐ (ho) ' holte sodann eine 'neue (äh) '' magnetofonbandspule hervŏr ⌐

⌐ die sie ' auf dem ' gerät åuflegte ⌐ |

⌐ das band ' wurde ' durch die (äh) '' verschiedenen öffnungen eingefåßt ⌐

  und ' auf einer neuen ' spule befestigt \

⌐ auf einer neuen ' leeren spule ' befestigt \ ||

⌐ danach ' nahm die (äh) ' versuchsperson '' ihre uhr ' vom årm ⌐

⌐ und holte aus ' der tasche ' einen notizblock ' hervŏr \

⌐ auf dem sie sich ' einige ' bemerkungen ' åufzeichnete \

m ₃₀ *(a)*

⌠ der versuchsleiter ' steht am ' fenster ⌐

⌐ und geht dann ' gemessenen schrittes ' zum tisch ⌐
                                                        ˣ
        der in der mitte ' vor der ' klasse ' steht ∧

⌠ einen stuhl ' holt er ' (aus dem) ' unter dem tisch hervor ⌐
                                        ˣ
        und ' setzt sich ' da drauf ∧ |

⌠ rechts ' vor ihm auf dem tisch |
                                ˣ
        steht ' ein 'tonbandgerät ⌐
                              ˣ
⌐ er hebt den deckel ab ⌐
                                                ˣ
⌐ und ' nimmt ' eine leere ' tonbandspule ab ∧

⌠ aus einer roten schachtel ' entnimmt er ' ein '' zweites tonband ⌐
              ˣ
        löst die plombe ⌐
                                                        ˣ
⌐ und schneidet ' mit einer ' schere ' ' ' ein grünes band auf ∧
                                                ˣ
⌐ und setzt (dieses) ' (äh) ' dieses tonband ' ein ∧ |
                                                                ˣ
⌠ dann ' schließt die versuchsperson ' das mikrofon ' an den apparat an ⌐

⌐ und holt ' daraufhin ⌐
                                                ˣ
        aus der aktentasche (einen) ' einen ' notizblock ∧
                                                        ˣ
⌠ darauf schreibt die versuchsperson ' etwas auf ∧

m₃₃ *(a)*

⌐ die versuchsperson stand am fenster ⌐
      ging daraufhin (auf) ' zum p×ult ∧
L und ' setzte sich auf einen st×uhl ∧
⌐ daraufhin wurde ' das tonbandgerät das auf dem tisch '' auf dem pult '
stand ⌐||
     ge×öffnet ⌐
L der deckel wurde ' auf den tisch ⌐
     der davor er sich befand ' hinge×legt ∧
⌐ nun wurde eine ' neue spule '' ×aufgelegt ∧
⌐ das erforderte allerlei ×aufwand ⌐
     denn das tonbandgerät ' war gerade ' besprochen ⌐
L oder anscheinend besprochen worden ∧
⌐ so mußte ' die volle spule ' erst (ent) her×ausgehoben werden ⌐
L dann die leere ' auf den platz der v×ollen gesetzt werden ⌐
L dann schließlich ' eine neue ' spule ' aus einem gefäß ⌐
     aus einem (be) roten behälter genommen '' w×erden ⌐
L das erforderte noch mehr aufwand ⌐
     da dies ' eine ungebrauchte spule war ⌐
L sie mußte erst ents×ichert werden ⌐
L verz×eihung ⌐
L sie mußte erst '' ihrer ' pl×ombe befreit werden ⌐
     und ' ents×ichert werden ∧
⌐ na ' entsichert ist ×auch falsch ⌐
L jedenfalls '''' mußte ein rotes bändchen ' mit einem kleinen messer '
     mit einer schere ' durchschn×itten werden ∧ |
⌐ daraufhin ' wurde ' das mikrofon eingesteckt ⌐
     (einige handbewegungen) ''
L mit einigen handbewegungen überzeugte sich die versuchsperson '
     ob auch ' alles in ×ordnung war ∧
⌐ dann wurde ein kleines notizheft aus (einem) einer t×asche geholt |
L und einige notizen darauf ' n×iedergeschrieben ∧

m₄₂ (a)

⌠ zu beginn des versuches ' schaute die vp zum fenster hinaus ⌈

　　drehte sich dann anschließend ' ins ' mit dem gesicht ins zimmer
　　　　　ˣ
　　zurück ⌈
　　　　　　　　ˣ
⌐ schaute auf die uhr ⌈
　　　　　　　ˣ
⌐ nahm diese ab ⌈
　　　　　　　　　ˣ
⌐ legte sie auf den tisch ⌈
　　　　　　　　　　　　ˣ
⌐ und setzte sich ' auf einen stuhl an den tisch ⟍

⌠ aus der linken brusttasche ' nahm sie '' einen kugelschreiber ⌈

　　aus der rechten brusttasche ' eine briefmappe '' mit verschiedenem
　　ˣ
　　inhalt ⟍ ||

⌠ aus der brieftasche nahm sie ein zettel herˣaus ⌈

⌐ schaute auf die uhr ⌈

　　und ' begann etwas ' zu notieren ⟍ |
　　　　　　　　　　　ˣ

⌠ anschließend schaute sie ' nach links ⌈ |

　　so ' als ob sie nach dem datum ' schauen wollte ⌈
　　　　　　　　　　　　　　　　　　　ˣ
⌐ schrieb etwas weiter ⌈
　　　　　　　ˣ
⌐ dann klopfte es an die tür ⌈

⌐ und ' jemand brachte ' (ein) '' eine tüte herein ⌈

　　in der sich wie (sich) sich später herausstellte '
　　eine '' tonbandspule war ⌈
　　　　　ˣ
⌐ die (vers) versuchsperson '' packte die ' spule aus ⌈

　　und ' nahm die auf dem tonbandgerät ' befindlichen spulen ab ⌈
　　　　　　　　　　　　　　　　　　　　　　　　ˣ
⌐ und ' (setz) ' ersetzte eine davon ' durch die ' neu ' gebrachte ⟍
　　　　　　　　　　　　　　　　　　　　　　　　　ˣ
⌠ nachdem dies beendet war ⌈

　　setzte sich die ' versuchsperson wieder hin ⌈

　　und ' machte sich ' einige aufzeichnungen ⟍
　　　　　　　　　　　　ˣ
⌠ schließlich trat sie wieder an das tonbandgerät ⟍

　　und damit ' versuch beendet ⟍
　　　　　　　　ˣ

m₄₅   *(a)*

⌐ die versuchsperson schaute unschlüssig zum fe͡nster heraus ⌐
L drehte sich ' kurz entschlossen um ⌐

L entnahm '' ihrer rocktasche brieftasche ' und kugelschreiber ⌐
    der brieftasche dann ein '' blatt papier ' breitete es aus ⌐
L nahm die uhr ab ⌐
L legte sie vor sich auf den tisch ⌐
    setzte sich ⌐
L und fing an ' in '' kurzen ' abschnitten zu schreiben Λ
⌐ mehr wörter als ' sätze Λ
⌐ dabei schaute sie mehrmals (äh) ' zerfahren und (äh) ' nervös auf die uhr ⌐
L dann ' kurz nach links in den ' raum ⌐
L als überlegte sie ⌐
L suchte irgend etwas '' in erinnerung zu bringen ⌐
L dann klopfte es ⌐ |
L (äh) ' ärgerlich stand die ' versuchsperson auf ⌐
    ging zur tür ⌐
L nahm dort eine tüte in empfang ⌐ |
L öffnete (die tü ' tä) die tüte ' etwas zerfahren Λ
L es (äh) ' kamen zwei tonbänder zum vorschein ⌐ |
L sie entnahm ' (äh) ''' der ' hosentasche ein ' kleines lederetui ⌐
L zog daraus ein messer hervor ⌐
    öffnete die ' zellophanhülle der ' einen ' spule ⌐
    und ' (äh) wechselte dann die beiden spulen des tonbandgerätes aus Λ
⌐ trotz mehrmaligen versuchen ⌐
L die sehr ' (äh) ' etwas ärgerlich vonstatten gingen ⌐
L setzte sich das tonbandgerät nicht in gang Λ
⌐ die versuchsperson gab den versuch auf ⌐
    setzte sich wieder an den tisch ⌐
    schrieb einige worte ⌐
    schaute wieder mehrmals auf die uhr ⌐
    steckte dann '' stand dann auf ⌐
    nahm das blatt ⌐

Fortsetzung m_{45} (a)

faltet es zusammen ⌐

steckte es wieder in die brieftasche zurück ⌐

und dies in die rocktasche zurück ⌐

kugelschreiber ein ⌐

und nahm die uhr ⌐

und (äh) ' ging zum tonbandgerät ⌐

um damit den versuch zu beênden \

m_{58} (a)

⌠ vp ' schloß ein tonbandgerät ans netz an ⌐
⌊ schaltete dann etwas an dem gerät
    und ließ es dann unberührt st^xehen ⌐

⌠ er ging dann an den tisch
    setzte sich n^xieder ⌐

⌊ holte eine brieftasche aus seinem rock ⌐
⌊ entnahm ihr zuerst einen ' weißen zettel ⌐
    legte den beiseite ⌐
    dann ein blaues kuv^xert ⌐

⌊ riß es auf ⌐
    holte einen roten prospekt her^xaus ⌐

⌠ nahm dann die brieftasche
    und steckte sie wieder zur^xück ⌐
⌠ dann schr^xieb er einiges ⌐ |
⌊ holte die brieftasche wieder aus'm rock ⌐
    legte alles hinein ⌐
    klappte sie zusammen ⌐
    steckte sie ein ⌐
    ⌊ stand auf und '
    hörte ^xauf ⌐

m_{59} (a)

⌐ nach kurzer konzentration '' überzeugte sich die versuchsperson entschieden '
von ' der '' richtigkeit des anschlusses einer ' hauptzuleitung zu einem hoch-
modernen tonbandgerät ⌐

⌐ prüfte ' kurz die ' (äh) '' (äh) ' einschaltevorrichtung des gerätes ⌐
    und auch kurz den lauf ⌐

⌐ wurde dann ' etwas unsicher ⌐
    oder ' zweifelte an '' der technik des gerätes ⌐

⌐ wie sich später zeigen wird ⌐

⌐ daraufhin '' näherte sie sich einem tisch ⌐

⌐ setzte sich ⌐

⌐ entnahm (eine brieftache) ' eine brieftasche ihrer ''' jacke ⌐

⌐ aus dieser brieftasche '' kam ein ' blauer umschlag hervor ⌐

⌐ in dem sich die ' bestätigung für die ' offenbare unsicherheit der ' versuchsperson dann fand ⌐

⌐ es handelte sich nämlich um den prospekt ' ⌐ oder das prospekt ⌐ ' einer ''
südwestdeutschen magnetofonherstellerfirma ⌐

⌐ die versuchsperson ' schrieb auf eim ' weißen ' unbeschriebenen '' zettel größeren formates '' einige notizen aus diesem prospekt ' heraus ⌐

⌐ ließ ' hatte vorher ' die brieftasche wieder in der ' innentasche des ' jacketts
verschwinden lassen ⌐

⌐ der ' blaue umschlag offenbar unnütz geworden sollte in einen ' brief ' korb
befördert werden ⌐

    der aber offensichtlich nicht da war ⌐

⌐ die mimik der person ' drückte aus ' daß entweder eine putzfrau ihn verstellt
hatte ⌐

    oder aber die frau ⌐

⌐ kurz entschlossen knüllte die versuchsperson den umschlag zusammen ⌐

⌐ und (ste) steckte ihn in eine jackentasche ⌐

⌐ daraufhin wurden die ' angaben '

⌐ (die entnomm) die dem prospekt entnommenen (ankab) angaben kurz überprüft ⌐

    die brieftasche wieder hervorgenommen ⌐

Fortsetzung m_{59} *(a)*

⌐ *alle utensilien verschwanden darin ' mit ausnahme des blauen dauerschreibers* ⌐

⌐ *und ' die tasche wurde zurückgesteckt* ⌐

⌐ *und die ' versuchsperson gab durch ' eine ' bemerkung zu erkennen (daß die) '*

      daß der versuch beendet war ⋀

m_{67} (a)

⌐ vp stand in der ' rechten ècke ⟍
⌐ sie schaute auf die uhr ⌐
⌐ dann zur tür ⟍
⌐ nach einiger zeit ging sie ' in die andere ecke des zimmers ⟍
⌐ nahm sich dort einen stuhl ⌐
⌐ stellte den stuhl in die mitte des zimmers ⟍
⌐ schaute wieder auf die uhr ⌐
    zog die uhr aus ⌐
    ⌐ und legte sie auf den tisch ⟍
⌐ dann ' nahm die vp ' einen brief ⌐
⌐ und zwar einen blauen brief ⌐
⌐ aus der ' (rech) ' rechten westentasche ⟍|
⌐ vp öffnete den blauen brief ⌐
    ⌐ und (e) entnahm einen blauen zettel ⟍
⌐ vp ' las ⟍|
⌐ dann ' nahm vp einen '' kalender ⌐
⌐ und schrieb ' scheinbar etwas aus dem brief in den kalender ⟍
⌐ vp zerriß ' den ' kuvert ⌐
    wollte auch ' den ' brief zerreißen ⌐
⌐ doch steckte ihn schließlich weg ⟍ ||
⌐ vp ''' steckte auch ' jetzt ' seine '' briefmappe ⌐
    die sie vorher ' herausgenommen hatte weg ⟍
⌐ mitsamt ' (den) ' dem schein ⌐
    den auf dem sie ' notiert hàtte ⟍

m 70 (a)

⌠ die versuchsperson saß in einer ecke des zimmers ' auf der kante eines
kleinen tischchens ' in abwartender haltung ⌈
       und schien auf jemand zu wärten ⋀
⌠ sie blickte unruhig auf die uhr ⌈
⌊ stand äuf ⌈
⌠ lief einige schritte zur tür ⌈
⌊ drehte sich rüm ⌈
⌊ ging zurück ⌈
⌊ ging weiter zum fenster hin ⌈
⌊ schaute hinaus ' nur flüchtig ⌈
⌊ um dann sich (zurück (äh)) ' zurückzuwenden ⌈ |
⌊ hielt plötzlich inne ' griff nach einem stuhl ⌈ |
⌊ und setzte sich schließlich an einen tisch ⋀
⌠ sie ' nahm die uhr vom handgelenk ⌈
       legte sie vor sich hin ⋀
⌊ griff in eine brusttasche ⌈
⌊ und holte einen brief heraus ⋀
⌠ sie riß ihn äuf ⋀
⌊ zerknüllte den umschlag ⌈
⌊ und blickte (im) herum ⌈
⌊ sah keinen papierkorb im augenblick ⋀
⌊ und steckte ihn eilig in die linke ' rocktasche ⋀
⌠ sie öffnete das schreiben ' und läs ⋀
⌠ zögerte ⌈
      blickte um sich ⌈
      erstaunten blickes ⌈ |
⌊ las nochmals ⋀
⌠ griff nach ihrer '' nach (ähm) ''''
      griff in die (rock) ' in die (äh) ' brusttasche ⌈
      und ' holte einen kleinen zettel heraus ⋀
⌊ es schien ' wohl ein kalender zu sein ⌈

Fortsetzung   m$_{70}$ (a)

denn sie verglich '
⌐ vielleicht ein dátum ⌐ ' '
⌐ auf dem kleinen zettel (mit dem ' schrei auf) ' mit dem schréiben ⟍
⌐ sie legte ihn dann ' wieder zurück ' ' in ihre ' géldtasche ⌐
⌐ und steckte diese ' in ' die rócktasche ⟍
⌐ dann holte sie einen zwéiten zettel heraus ⌐
   griff nach einem kugelschreiber ⌐
   (der ste (äh)) ' der steckte áußen in der kleinen rocktasche ⌐
⌐ schrieb sich notiérte sich etwas ⌐
⌐ und ' steckte ihn zurück ⟍ |
⌐ nachdem sie anscheinend das schreiben ganz fértig gelesen hatte ⌐
⌐ (zerknüllte se) ' zerknüllte sie es ⟍
⌐ und steckte es in die rocktasche zum kuvért ⟍
⌐ sie schaute nochmals (äh) ' nervös auf die úhr ⌐
⌐ und ' ' blieb sítzen ⟍

4.4.3 Anzahl und Umfang der Äußerungen

Wahrscheinlich wird selbst ein nur flüchtiger Blick auf die 19 Transkripte schon gezeigt haben, wie sehr sich die nach prosodischen Merkmalen gegliederte SPRECHE von einer diskursiven SCHREIBE unterscheidet.

In dieser Darstellungsart wird augenfällig, daß in jedem 'Vergleich' von Satzarten, der sich auf eine einfache Verschriftung von SPRECHE und SCHREIBE verläßt, Unvergleichbares zu vergleichen versucht wird (vgl. 4.3.3).

Die auf der Basis der einfachen Verschriftung vorgenommene Zählung ergab

       138   "Sätze" für die SPRECHE und

       267   Sätze " " SCHREIBE;

deren Umfang nach der errechneten durchschnittlichen Wortanzahl

       21,5 Wörter je "Satz" in der SPRECHE und

       30,1 "   " Satz " " SCHREIBE betrug.

Die Auszählung der mit Hilfe der prosodischen Gliederung ermittelten Äußerungen führte zu einem völlig veränderten Ergebnis:

       In der SPRECHE gibt es 289 Äußerungen

       mit einem durchschnittlichen Umfang von 10,25 Wörtern.

Wird überdies auch die unterschiedliche Silbenzahl berücksichtigt, die in der SPRECHE durchschnittlich 1,667 beträgt und in der SCHREIBE 1,723, so ergibt sich für die

       Äußerungen eine durchschnittliche Zahl von 17,1 Silben,

für die

       Sätze dagegen eine durchschnittliche Zahl von 51,9 Silben.

Dies alles sind Ergebnisse, die bei der Analyse der Unterschiede zwischen den freigesprochenen und den vorgelesenen Berichten eine wichtige Rolle spielen, und in der Analyse der vorgelesenen Berichte zwischen SCHREIBLESE und SPRECHLESE. Diese Ergebnisse werden dann auch die FOLGERUNGEN (Kap. 5) entscheidend motivieren.

Hier soll noch darauf hingewiesen werden, daß es auch sinnvoll erscheint, die kleineren 'tone-units', die kleineren intonatorischen Schritte innerhalb der Äußerungen zu berücksichtigen, die gelegentlich sogar mit den Äußerungen identisch sind. Nach Auszählung in den vorliegenden Transkripten haben sie einen durchschnittlichen Umfang von 6,1 Wörtern bzw. 10,15 Silben. Dies ist ein 'Maß', das in phatischen Gesprächen und alltäglichem Reden beobachtet werden kann. Auch hier bieten sich sprecherzieherische FOLGERUNGEN an.

4.4.4 'mündlich : schriftlich' = 'restringiert : elaboriert'

Bei der Skizzierung der sprachwissenschaftlichen Positionen (1.1) wurden Termini verwendet, die die soziolinguistische Diskussion der beiden letzten Jahrzehnte geprägt haben, angeregt vor allem durch die Arbeiten BERNSTEINs (z.B. 1964) und LABOVs (z.B. 1972): "Defizithypothese" vs. "Differenzhypothese".

Beide Termini wurden hier nicht in ihrer Beziehung zu schichtspezifischem 'Sprachgebrauch' verwendet, sondern zur Bezeichnung geschichtlicher Positionen der Sprachwissenschaft zur Bestimmung des Verhältnisses 'mündlich : schriftlich'.

Die an den beschriebenen Versuchen beteiligten Studierenden hatten allesamt - ohne Berücksichtigung ihrer sozialen Herkunft - nach einer 12 - 13jährigen Schulzeit das Abitur abgelegt, sich für ein Sprachstudium entschieden und darin bereits mehrheitlich eine Zwischenprüfung (oder Vergleichbares) absolviert. Sie konnten deshalb im Verständnis soziolinguistischer Ansätze sprachlich durchaus als "elaboriert" betrachtet werden. Dennoch finden sich in ihrer SPRECHE, in ihren mündlichen Berichten, Passagen, die durchaus als "restringiert" bezeichnet werden können.

Z.B. f$_7$ "... dann zog sie einen - briefumschlag aus der tasche /- warf (äh) etwas (äh) /- - ohne viel be - (äh) / - öffnete den umschlag ..."

oder m$_{33}$ "... sie mußte erst entsichert werden /-- verzeihung /- - sie mußte erst -- ihrer - plombe befreit werden/ und - entsichert werden /-- na - entsichert ist auch falsch/ - jedenfalls/ - ..."

Mag es sich dabei auch um inhaltsbezogene oder grammatikbedingte 'Korrekturhandlungen' (vgl. z.B. RATH 1979) handeln, es ist unübersehbar, daß derlei Passagen nur in der SPRECHE vorkommen, und das ist hier ausschlaggebend.

Bezogen auf den Unterschied 'restringiert : elaboriert' heißt das, diese Prädikate können auch verwendet werden zur Bezeichnung des Unterschiedes zwischen 'mündlich' und 'schriftlich'. Die Unterschiede zwischen 'restringiert' und 'elaboriert' müssen in einer Schriftkultur (!) keineswegs nur **schichtspezifisch** sein, sie können auch **schulspezifisch** sein. Die **'Defizite'** - bei den einen nur im Mündlichen, bei den anderen im Mündlichen und im Schriftlichen - erklären sich (vgl. SCRIBNER/COLE 1978) aus einer **'Differenz'** im 'schooling' (vgl. Kap. 6).

4.5 Sprecherische Einzelergebnisse

4.5.1 Sprechgeschwindigkeit

Ganz zu Beginn dieses Auswertungskapitels wurde bereits darauf hingewiesen (4.1), daß Angaben von unterschiedlichen Sprechgeschwindigkeiten bei verschiedenen Sprech- oder Vorleseleistungen wenig aussagekräftig sind, wenn sie nicht in Beziehung gesetzt werden zu der Menge des in der angegebenen Zeit Gesprochenen. Da bei der Unterschiedlichkeit von 'Sätzen' und 'Äußerungen' ein Vergleich wenig sinnvoll erscheint, bleibt als Vergleichsgrundlage die Anzahl der Wörter pro Minute bzw. die Anzahl der Silben, die in einer Minute gesprochen oder vorgelesen wurden.

Wie für die Gesamtgruppe (n = 140) wurde folglich auch für die Kerngruppe (n = 19) das Verhältnis von Sprechzeit und Wort- bzw. Silbenzahl errechnet. Da auch in der Kerngruppe die Unterschiede zwischen Frauen und Männern interessant sind, werden hier zunächst diese Ergebnisse dargestellt:

		Wörter/Minute	Silben/Minute
f (n = 8)	SPRECHE	114,8	189,6
	SCHREIBLESE	156,9	263,9
	SPRECHLESE	132,7	218,6
m (n = 11)	SPRECHE	106,7	178,4
	SCHREIBLESE	147,3	258,0
	SPRECHLESE	128,7	216,0

Die an den drei Versuchen beteiligten Frauen sind jeweils schneller als die Männer, sowohl was die Anzahl der Wörter als was die der Silben anlangt. Auch bei diesem Ergebnis steht die Sprechlese wieder zwischen SPRECHE und SCHREIBLESE.

Die folgenden Grafiken (S. 112 - 115) machen die Unterschiede deutlich, sie zeigen zugleich, daß die Ergebnisse von Frauen und Männern sowie der Kerngruppe nicht von denen der Gesamtgruppe abweichen.

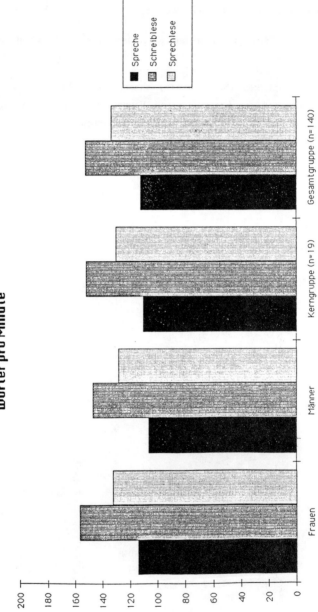

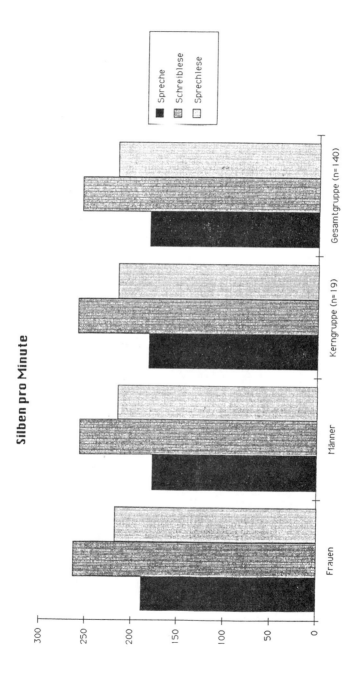

Silben pro Minute

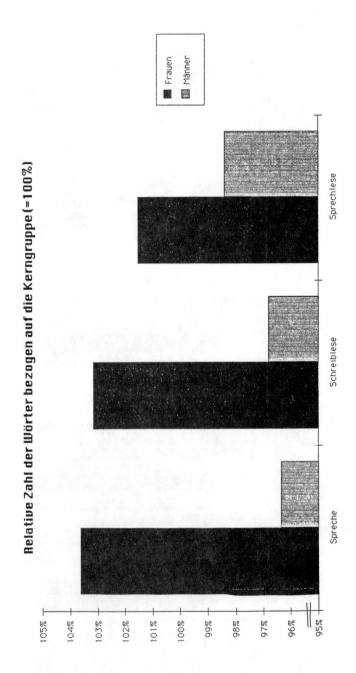

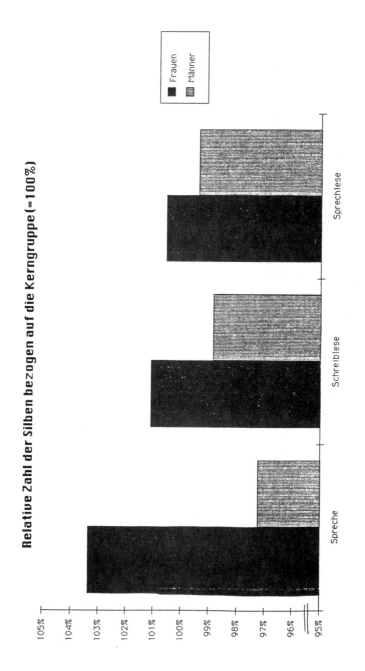

Relative Zahl der Silben bezogen auf die Kerngruppe (=100%)

4.5.2 Silbigkeit und Tempo

Unter den temporalen prosodischen Möglichkeiten sind vor allem Tempo und Pausen wichtig. Die Sprechgeschwindigkeit hängt einerseits von subjektiven Bedingungen ab, die nicht verallgemeinerungsfähig sind; z.b. von der Artikulationsfähigkeit und der motorischen Gesamtgeschicklichkeit. Andererseits wird die Sprechgeschwindigkeit aber auch beeinflußt von subjektunabhängigen Größen, z.b. von der Länge der zu sprechenden Einheiten.

Es ist bekannt (vgl. PHEBY ^{2}1975, GEISSNER ^{2}1986), daß dieselbe 'Silbe' unterschiedlich 'lange dauert', je nachdem, ob sie isoliert steht oder Teil eines Kompositums ist. Beispielsweise braucht das Simplex 'Meer' relativ mehr Sprechzeit, als in 'Meerschaum' oder 'Meerwasser' oder'meerumschlungen'; oder 'mehr' im Verhältnis zu 'mehrmals', 'mehrsilbig' ... 'Mehrfamilienhaus'. Einsilbler, so läßt sich verallgemeinern, dauern relativ länger als Mehrsilbler. Das Verhältnis von Einsilblern zu Mehrsilblern kann deshalb einen Hinweis geben auf die relative Geschwindigkeit. Deshalb wurde das Verhältnis der ein- und mehrsilbigen Wörter errechnet.

Das Ergebnis für die Kerngruppe zeigt, daß in der SPRECHE mehr Einsilbler vorkommen als in der SCHREIBE. Darin könnte ein Grund liegen, daß die SPRE-CHE langsamer gesprochen wurde. Allerdings kann eine Differenz von 1 % nicht als zureichende Begründung für die Unterschiede in der Sprech- bzw. Vorlesegeschwindigkeit angesehen werden.

Deshalb wurde es erforderlich, nicht nur das Verhältnis der einsilbigen und mehrsilbigen Wörter zugrunde zu legen, sondern das Verhältnis der Einsilbler zur Summe der Silben der Mehrsilbler. Die Grafiken auf S. 123 und 124 zeigen, daß sich das Verhältnis jetzt deutlich ändert; die Einsilbler machen nur mehr ungefähr ein Drittel aus. Dies kann die relative Beschleunigung der vorgelesenen SCHREIBE erklären.

Die Detailanalysen (s. im einzelnen die Tabellen und Grafiken auf den S. 116 - 122 bzw. 124) legten die eine oder andere Begründung nahe für größere oder geringere Geschwindigkeit. Jetzt soll die gemessene Sprechdauer in Beziehung gesetzt werden zu der Anzahl der Wörter und Silben (4.5.3).

Silbigkeit

VP		≶W	≶Si	ḏ Si/W	1-Si	2-	3-	4-	5-	6-	7-	1-Si : msiW	1-Si : ≶Si msiW
f 1	(a)	151	226	1,493	103	30	12	4	1	1	-	103 : 48	103 : 123
	(b)	335	541	1,614	198	88	31	16	2	-	-	198 : 137	198 : 343
f 4	(a)	105	176	1,676	56	33	10	6	-	-	-	56 : 49	56 : 120
	(b)	155	265	1,709	83	46	14	12	-	-	-	83 : 72	83 : 182
f 7	(a)	146	251	1,719	77	40	23	5	1	-	-	77 : 69	77 : 174
	(b)	235	398	1,693	130	65	23	16	1	-	-	130 : 105	130 : 268
f 9	(a)	139	239	1,719	64	53	19	3	-	-	-	64 : 75	64 : 175
	(b)	213	348	1,633	123	60	17	11	2	-	-	123 : 90	123 : 225
f 18	(a)	175	317	1,811	86	56	18	12	2	-	1	86 : 89	86 : 231
	(b)	269	476	1,769	145	72	28	21	1	-	2	145 : 124	145 : 331
f 26	(a)	189	302	1,598	107	58	18	5	1	-	-	107 : 82	107 : 195
	(b)	326	549	1,684	185	85	33	21	1	1	-	185 : 141	185 : 364
f 47	(a)	178	314	1,764	82	63	27	5	1	-	-	82 : 96	82 : 232
	(b)	157	281	1,789	75	52	21	6	3	-	-	75 : 82	75 : 206
f 59	(a)	209	300	1,435	146	42	14	7	-	-	-	146 : 63	146 : 154
	(b)	231	363	1,571	139	61	22	9	-	-	-	139 : 92	139 : 224

(a) = SPRECHE   1-Si = Einsilbler
(b) = SCHREIBLESE   2-   = Zweisilbler
W   = Wörter   usw.
Si = Silben
msiW = mehrsilbige Wörter

$f_{(n = 8)}$	ḏ (a)	1,652
	ḏ (b)	1,675
Diff.		0,023

118

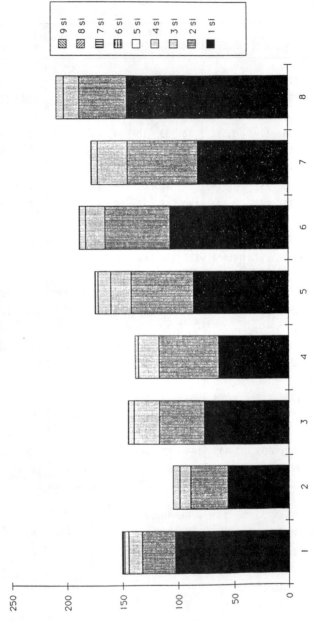

Silbigkeit Spreche Frauen

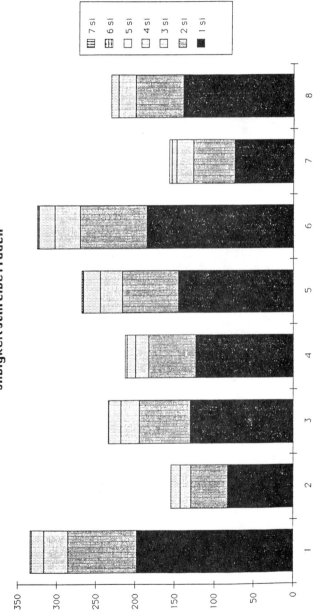

Silbigkeit Schreibe Frauen

7 si
6 si
5 si
4 si
3 si
2 si
1 si

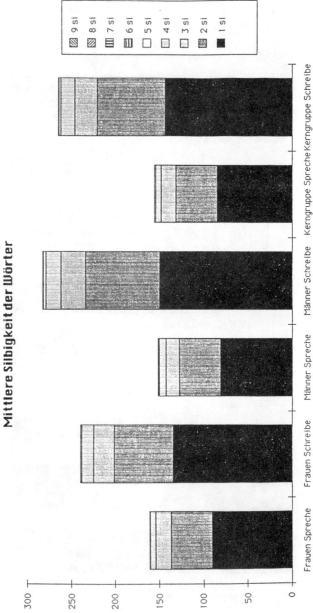

Mittlere Silbigkeit der Wörter

Silbigkeit

VP	≷ W	≷ Si	đ Si/W	1-Si	2-	3-	4-	5-	6-	7-	1-Si : msiW	1-Si : ≷ Si msiW
m 13 (a)	105	169	1,609	60	29	13	3	-	-	-	60 : 45	60 : 109
(b)	162	285	1,759	87	41	22	10	2	-	-	87 : 75	87 : 198
m 22 (a)	97	169	1,742	50	32	8	6	-	-	1	50 : 47	50 : 119
(b)	154	256	1,662	92	38	11	11	1	1	-	92 : 62	92 : 164
m 28 (a)	123	221	1,796	64	36	13	8	-	-	2	64 : 59	64 : 157
(b)	367	635	1,730	186	119	41	18	2	1	-	186 : 181	186 : 449
m 30 (a)	107	164	1,533	68	28	4	7	-	-	-	68 : 39	68 : 96
(b)	303	522	1,723	175	72	24	29	3	-	-	175 : 128	175 : 347
m 33 (a)	174	327	1,879	75	61	25	10	3	-	-	75 : 99	75 : 252
(b)	457	791	1,731	261	111	47	26	10	1	1	261 : 196	261 : 530
m 42 (a)	167	271	1,622	95	50	12	10	-	-	-	95 : 72	95 : 176
(b)	272	489	1,798	128	95	30	15	3	1	-	128 : 144	128 : 361
m 45 (a)	211	356	1,687	120	54	23	11	3	-	-	120 : 91	120 : 236
(b)	324	557	1,719	179	92	24	25	3	-	1	179 : 145	179 : 378
m 58 (a)	88	140	1,591	45	35	7	1	-	-	-	45 : 43	45 : 95
(b)	90	168	1,867	37	37	10	4	1	1	-	37 : 53	37 : 131
m 59 (a)	221	442	2,000	94	69	33	19	4	1	1	94 : 127	94 : 348
(b)	251	496	1,976	105	86	30	23	5	2	-	105 : 146	105 : 391
m 67 (a)	131	195	1,489	79	43	7	1	1	-	-	79 : 52	79 : 116
(b)	438	698	1,594	241	150	34	11	1	1	-	241 : 197	241 : 457
m 70 (a)	245	381	1,555	139	81	21	3	1	-	-	139 : 106	139 : 242
(b)	291	492	1,690	157	86	31	16	1	-	-	157 : 134	157 : 335

(a) = SPRECHE   1-Si = Einsilbler

(b) = SCHREIBLESE   2- = Zweisilbler

W = Wörter   usw.

Si = Silben

msiW = mehrsilbige Wörter

m (n = 11)	đ (a)	1,682
	đ (b)	1,750
	Diff.	0,068

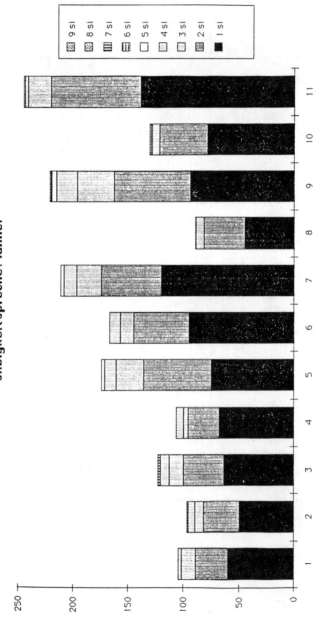

Silbigkeit Spreche Männer

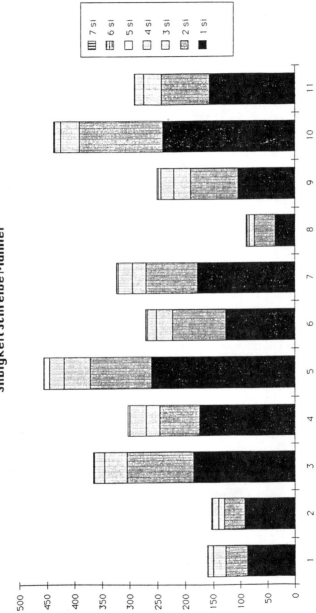

Silbigkeit Schreibe Männer

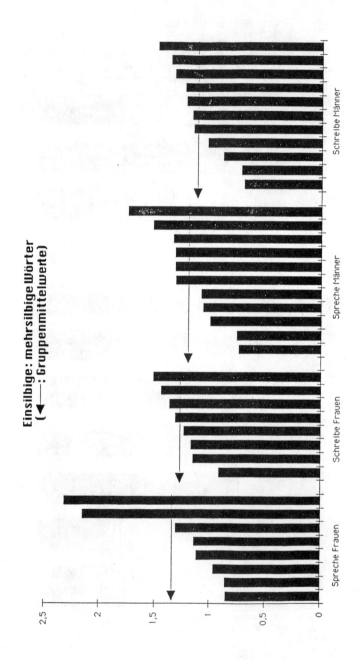

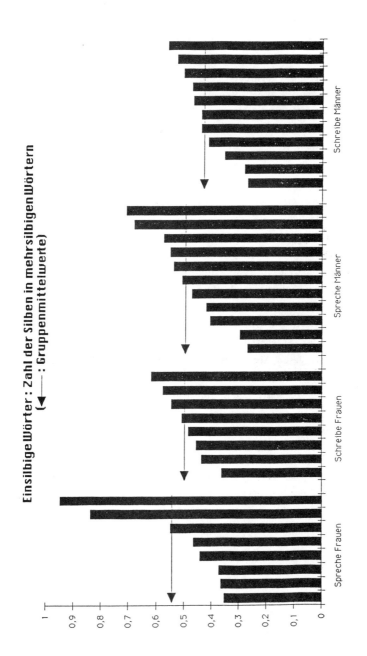

Einsilbige Wörter : Zahl der Silben in mehrsilbigen Wörtern
(◀─── : Gruppenmittelwerte)

4.5.3 Pausen : Sprech'strecken'

Bei einem Besuch der Universität Jyväskylä in Finnland lernte ich eine weitere Analysemöglichkeit kennen. Mein Kollege LEHTONEN hat mit seinen Mitarbeitern ein Computerprogramm entwickelt, mit dessen Hilfe sowohl das Verhältnis von "Sprechstrecken" zu "Pausen" errechnet werden kann, als auch die Länge der einzelnen Sprechstrecken und Pausen. Wir kamen überein, daß ich Kopien meiner Tonbänder zur Auswertung nach Jyväskylä schicken konnte, um zu überprüfen, ob bei der - nach den Braunschweiger Erfahrungen - minderen Qualität der Aufnahmen eine Computeranalyse möglich wäre. Die Aufnahmen konnten analysiert werden.

Auf den folgenden Seiten (S. 127 - 132) finden sich die Ausdrucke der Ergebnisse gesondert nach Frauen (n = 8) und Männern (n = 11), jeweils für alle 3 Versuche (a), (b) und (c) (hier: A, B und C).

Der 'Kopf' des Bogens liefert jeweils die Ergebnisse, die darunter stehenden Blöcke die Einzelanalyse für die Pausen und die Sprechstrecken. Die einstellbare Pausenschwelle war bei dieser Analyse auf 150 ms eingestellt ('window'). Alle stimmlosen Konsonanten, die kürzer als der Schwellenwert waren, wurden als 'Sprechen' registriert. Die Grafiken in der Mitte der beiden Blöcke zeigen Umfang und Verteilung der Sprechstrecken bzw. der Pausen. Die Zahlenkolonne in der dritten Spalte gibt deren Anzahl (N), die Kolonne in der vierten Spalte den jeweils unteren Wert (logarithmisch).

Es führte hier viel zu weit, die Einzelergebnisse zu kommentieren. Im Zusammenhang des jetzigen Untersuchungszieles ist folgendes Ergebnis besonders interessant, das auf anderem Wege gewonnene Teilergebnisse bestätigt:

f (n = 8)	Versuch (a)	75 : 25	(Sprechstrecken : Pausen in %)
"	(b)	81 : 19	
"	(c)	79 : 21	
m (n = 11)	Versuch (a)	69 : 31	
"	(b)	77 : 23	
"	(c)	73 : 27	

Bestätigt wurde erstens, daß die Sprechlese (c) zwischen SPRECHE und SCHREIB-LESE steht, zweitens, daß in allen drei Versuchen die Frauen relativ weniger Pausen haben, also, verrechnet auf die jeweilige Sprechzeit, mit größerer Geschwindigkeit gesprochen haben.

```
STATISTICS                    F total A
```

Total	704930	Window	250
Vocal.	535730	Pause	169200
%	75	%	25
Min	40	Min	250
Max	23070	Max	5460

Average vocal. length	3280
Average pause length	1040
Std. dev of pause length	983
Std. dev. of vocal. length	3504
Average pause freq (pcs/min)	14
Pauses (pcs)	162

Noise time before trig	0

All times in milliseconds.

```
PAUSES                        F total A
```

	kpl	alaraja
40	0	50
38	0	50
36	0	60
34	0	80
32	0	100
30	0	130
28	0	170
26	4	210
24	23	270
22	19	350
20	14	440
18	16	560
16	23	720
14	19	920
12	13	1170
10	10	1490
8	8	1900
6	4	2420
4	2	3080
2	5	3920
0	2	5000

```
VOCALIZATIONS                 F total A
```

	kpl	alaraja
40	5	40
38	5	40
36	1	60
34	0	80
32	0	100
30	2	130
28	2	170
26	2	210
24	4	270
22	4	350
20	3	440
18	5	560
16	8	720
14	11	920
12	14	1170
10	9	1490
8	15	1900
6	16	2420
4	19	3080
2	14	3920
0	29	5000

```
STATISTICS                    F total B

Total        658420    Window       250
Vocal.       534380    Pause     124040
%               81     %             19
Min             40     Min          250
Max          20230     Max         2000

Average vocal. length                2680
Average Pause length                  620
Std. dev of Pause length              316
Std. dev. of vocal. length           2087
Average Pause freq  (Pcs/min)          18
Pauses (Pcs)                          198

Noise time before trig                  0

All times in milliseconds.
```

```
PAUSES                        F total B

40 ──────────────────────     kPl alaraja
38 ──────────▓─────────         0      50
36 ──────────▓▓────────         0      60
34 ──────────▓─────────         0      80
32 ─────────▓▓─────────         0     100
30 ───────▓▓▓▓───────           0     130
28 ─────▓▓▓▓▓▓ ▓───────         0     170
26 ── ──▓▓▓▓ ▓▓──────           8     210
24 ────▓▓▓▓▓▓▓▓▓─────          31     270
22 ────▓▓▓▓▓▓▓▓▓▓────          30     350
20 ─ ──▓▓▓▓▓▓▓▓▓────           39     440
18 ────▓▓▓▓▓▓▓▓▓────           25     560
16 ───▓▓▓▓▓▓▓▓▓▓────           28     720
14 ────▓▓▓▓▓▓▓▓▓────           24     920
12 ────▓▓▓▓▓▓▓▓─────           10    1170
10 ────▓▓▓▓▓▓▓▓▓────            2    1490
 8 ──▓▓▓▓▓▓▓▓──────             1    1900
 6 ───▓▓▓▓▓▓▓▓▓────             0    2420
 4 ──▓▓▓▓▓▓▓▓──────             0    3080
 2 ──▓▓▓▓▓▓▓▓▓▓────             0    3920
 0 └┴┴┴┴┴┴┴┴┴┴┴┴┴┴┴┘            0    5000
```

```
VOCALIZATIONS                 F total B

40 ──────────────────────     kPl alaraja
38 ──────────────────────       2      40
36 ──────────────────────       0      60
34 ─────────────────▓────       1      80
32 ───────────────▓▓ ▓▓──       0     100
30 ───────────────▓▓ ▓▓──       1     130
28 ───────────────▓▓ ▓▓──       0     170
26 ───────────────▓▓ ▓▓▓─       0     210
24 ───────────────▓▓ ▓▓──       1     270
22 ───────────────▓▓ ▓▓──       1     350
20 ───────────▓▓▓▓▓▓▓───         1     440
18 ──────────▓▓▓▓▓▓▓▓ ▓─         4     560
16 ──────────▓▓▓▓▓▓▓▓ ▓─         9     720
14 ──────────▓▓▓▓▓▓▓▓▓▓─        12     920
12 ─────────▓▓▓▓▓▓▓▓▓▓▓─        20    1170
10 ─────────▓▓▓▓▓▓▓▓▓▓▓▓        33    1490
 8 ─────────▓▓▓▓▓▓▓▓▓▓▓▓        20    1900
 6 ──────────▓▓▓▓▓▓▓▓▓▓▓        35    2420
 4 ──────────▓▓▓▓▓▓▓▓▓▓▓        26    3080
 2 ▓─────────▓▓▓▓▓▓▓▓▓▓▓        14    3920
 0 └┴┴┴┴┴┴┴┴┴┴┴┴┴┴┴┘           19    5000
```

```
STATISTICS                    F total C

Total        685900    Window      250
Vocal.       544930    Pause    140970
%                79    %            21
Min              40    Min         250
Max           63370    Max        5630

Average vocal. length               2960
Average Pause length                 770
Std. dev of Pause length             670
Std. dev. of vocal. length          5063
Average Pause freq  (Pcs/min)         16
Pauses (Pcs)                         183

Noise time before trig              1180

All times in milliseconds.
```

```
PAUSES                        F total C

40 ─────────────────────  kPl  alaraja
38 ─────────────────────   0      50
36 ─────────────────────   0      60
34 ───────────▓─────────   0      80
32 ───────────▓▓────────   0     100
30 ──────────▓▓▓▓───────   0     130
28 ──────────▓▓▓▓───────   0     170
26 ─────────▓▓▓▓▓▓──────   7     210
24 ────────▓▓▓▓▓▓▓──────  21     270
22 ───────▓▓▓▓▓▓▓▓▓─────  22     350
20 ──────▓▓▓▓▓▓▓▓▓▓─────  27     440
18 ──────▓▓▓▓▓▓▓▓▓▓─────  34     560
16 ──────▓▓▓▓▓▓▓▓▓▓─────  31     720
14 ──────▓▓▓▓▓▓▓▓▓▓─────  22     920
12 ──────▓▓▓▓▓▓▓▓▓▓─────   6    1170
10 ──────▓▓▓▓▓▓▓▓▓──────   6    1490
 8 ──────▓▓▓▓▓▓▓▓──────    3    1900
 6 ────▓▓▓▓▓▓▓▓▓▓▓─────    0    2420
 4 ────▓▓▓▓▓▓▓▓▓▓▓─────    1    3080
 2 ────▓▓▓▓▓▓▓▓▓▓▓▓▓▓─    2    3920
 0 └┴┴┴┴┬┴┴┴┴┬┴┴┴┴┬┴┴┴┴┤   1    5000
```

```
VOCALIZATIONS                 F total C

40 ─────────────────────  kPl  alaraja
38 ─────────────────────   2      40
36 ─────────────────────   2      60
34 ─────────────────────   0      80
32 ─────────────────────   0     100
30 ─────────────────────   0     130
28 ─────────────────────   1     170
26 ──────────────▓▓─────   2     210
24 ─────────────▓▓─▓▓───   5     270
22 ─────────────▓▓▓────   4     350
20 ──────────▓▓▓▓▓──────   3     440
18 ──────────▓▓▓▓▓──────   2     560
16 ─────────▓▓▓▓▓▓▓▓────   6     720
14 ─────────▓▓▓▓▓▓▓▓────  14     920
12 ───────▓▓▓▓▓▓▓▓▓▓────  20    1170
10 ──────▓▓▓▓▓▓▓▓▓▓▓────  21    1490
 8 ──────▓▓▓▓▓▓▓▓▓▓▓────  24    1900
 6 ─────▓▓▓▓▓▓▓▓▓▓▓▓────  23    2420
 4 ────▓▓▓──▓▓▓▓▓▓▓▓▓───  26    3080
 2 ─▓▓────▓▓▓▓▓▓▓▓▓▓▓▓──  12    3920
 0 └┴┴┴┴┬┴┴┴┴┬┴┴┴┴┬┴┴┴┴┤  17    5000
```

```
STATISTICS                        M total A

Total       961620    Window         250
Vocal.      672430    Pause       289190
%               69    %               31
Min             40    Min            250
Max          23290    Max           4660

Average vocal. length            2100
Average pause length              900
Std. dev of pause length          644
Std. dev. of vocal. length       2131
Average pause freq. (Pcs/min)      20
Pauses (n )                       319

Noise time before trig           3650
```

All times in milliseconds.

```
PAUSES                            M total A

60 ───────────────────────  kPl alaraja
57 ───────────────────────    0      50
54 ───────────────────────    0      60
51 ───────────────────────    0      80
48 ───────────────────────    0     100
45 ───────────────────────    0     130
42 ─────────── ▓ ▓ ──────     0     170
39 ───────▓▓▓▓─▓▓──────────   10     210
36 ──────▓▓▓▓▓▓────────────   28     270
33 ──────▓▓▓▓▓▓▓───────────   39     350
30 ──────▓▓▓▓▓▓────────────   44     440
27 ─────▓▓▓▓▓▓▓▓───────────   37     560
24 ─────▓▓▓▓▓▓▓▓───────────   44     720
21 ────▓▓▓▓▓▓▓▓▓────────────  33     920
18 ────▓▓▓▓▓▓▓▓─────────────  35    1170
15 ────▓▓▓▓▓▓▓▓─────────────  25    1490
12 ────▓▓▓▓▓▓▓──────────────  11    1900
 9 ───▓▓▓▓▓▓▓▓▓▓────────────   9    2420
 6 ───▓▓▓▓▓▓▓▓▓▓▓▓──────────   3    3080
 3 ───▓▓▓▓▓▓▓▓▓▓▓▓▓▓▓▓▓──────  1    3920
 0 └┴┴┴┬┴┴┴┴┬┴┴┴┴┬┴┴┴┴┤        0    5000
```

```
VOCALIZATIONS                     M total A

60 ───────────────────────  kPl alaraja
57 ───────────────────────    3      40
54 ───────────────────────    1      60
51 ───────────────────────    2      80
48 ───────────────────────    3     100
45 ─────────────────▓──────   2     130
42 ─────────────────▓──────   2     170
39 ─────────────▓▓▓▓───────   4     210
36 ─────────────▓▓▓────────   1     270
33 ─────────────▓▓▓▓───────   6     350
30 ─────────────▓▓▓▓───────  16     440
27 ─────────▓─▓▓▓▓▓▓───────  22     560
24 ───────▓─▓▓▓▓▓▓▓────────  28     720
21 ──────▓▓▓▓▓▓▓▓▓▓────────  21     920
18 ──────▓▓▓▓▓▓▓▓▓─────────  27    1170
15 ─────▓▓▓▓▓▓▓▓▓▓▓▓▓───────  46    1490
12 ─────▓▓▓▓▓▓▓▓▓▓▓▓▓▓▓──────  39    1900
 9 ─────▓▓▓▓▓▓▓▓▓▓▓▓▓───────  39    2420
 6 ─────▓▓▓▓▓▓▓▓▓▓▓▓▓▓▓──────  27    3080
 3 ─▓─▓─▓─▓▓▓▓▓▓▓▓▓▓▓▓▓▓─────  15    3920
 0 └┴┴┴┬┴┴┴┴┬┴┴┴┴┬┴┴┴┴┤       16    5000
```

```
STATISTICS                      M total B

Total      1278100      Window       250
Vocal.      986260      Pause     291840
%               77      %             23
Min             40      Min          250
Max          16200      Max         4160

Average vocal. length                2520
Average Pause length                  740
Std. dev of Pause length              430
Std. dev. of vocal. length           1729
Average Pause freq  (Pcs/min)          18
Pauses (Pcs)                          390

Noise time before trig               1890
```

All times in milliseconds.

```
PAUSES                          M total B

80 ─────────────────────── kPl alaraja
76 ─               ▓ ─────────  0    50
72 ─              ▓▓ ─────────  0    60
68 ─              ▓▓  ▓ ───────  0    80
64 ─              ▓▓  ▓ ───────  0   100
60 ─              ▓▓  ▓ ───────  0   130
56 ─              ▓▓  ▓ ───────  0   170
52 ─              ▓▓  ▓ ───────  13  210
48 ─             ▓▓▓▓▓▓ ───────  31  270
44 ─            ▓▓▓▓▓▓▓ ───────  48  350
40 ─          ▓▓▓▓▓▓▓  ▓ ──────  76  440
36 ─          ▓▓▓▓▓▓▓▓▓ ──────  49  560
32 ─         ▓▓▓▓▓▓▓▓▓▓ ──────  71  720
28 ─       ▓▓▓▓▓▓▓▓▓▓▓ ───────  39  920
24 ─       ▓▓▓▓▓▓▓▓▓▓ ────────  43 1170
20 ─       ▓▓▓▓▓▓▓▓▓▓▓ ───────  16 1490
16 ─      ▓▓▓▓▓▓▓▓▓▓▓▓ ────────  2 1900
12 ─     ▓▓▓▓▓▓▓▓▓▓▓▓▓ ────────  1 2420
 8 ─      ▓▓▓▓▓▓▓▓▓▓▓ ────────   0 3080
 4 ─     ▓▓▓▓▓▓▓▓▓▓▓▓ ────────   1 3920
 0 └┴┴┴┬┴┴┴┴┬┴┴┴┴┤                0 5000
```

```
VOCALIZATIONS                   M total B

80 ─────────────────────── kPl alaraja
76 ──────────────────────   3    40
72 ──────────────────────   1    60
68 ───────────────▓ ──────  1    80
64 ───────────────▓ ──────  2   100
60 ──────────────▓▓▓ ─────  1   130
56 ─────────────▓▓▓▓ ─────  2   170
52 ─────────────▓▓▓▓ ─────  1   210
48 ────────────▓▓▓▓▓ ─────  3   270
44 ───────────▓▓▓▓▓▓ ─────  3   350
40 ──────────▓▓▓▓▓▓▓ ─────  4   440
36 ─────────▓▓▓▓▓▓▓▓ ─────  9   560
32 ────────▓▓▓▓▓▓▓▓▓ ─────  6   720
28 ───────▓▓▓▓▓▓▓▓▓▓ ───── 27   920
24 ──────▓▓▓▓▓▓▓▓▓▓▓▓ ──── 48  1170
20 ──────▓▓▓▓▓▓▓▓▓▓▓▓ ──── 49  1490
16 ────▓▓▓▓▓▓▓▓▓▓▓▓▓ ───── 63  1900
12 ───▓▓▓▓▓▓▓▓▓▓▓▓▓▓ ───── 60  2420
 8 ──▓ ▓▓▓▓▓▓▓▓▓▓▓▓▓ ───── 40  3080
 4 ────▓▓▓▓▓▓▓▓▓▓▓▓▓▓▓ ──── 34  3920
 0 └┴┴┴┬┴┴┴┴┬┴┴┴┴┤           28  5000
```

```
STATISTICS                      M total C

Total      782530    Window       250
Vocal.     577230    Pause     205300
%               73    %             27
Min             40    Min          250
Max           8940    Max         4950

Average vocal. length            2070
Average pause length              740
Std. dev of pause length          484
Std. dev. of vocal. length       1526
Average      freq  (Pcs/min)       21
Pause  (Pcs)                      277

Noise time before trig              0

All times in milliseconds.
```

```
PAUSES                      M total C

60  ─────────────────────  kPl  alaraja
57  ─────────────────────    0      50
54  ─────────────────────    0      60
51  ─────────────────────    0      80
48  ─────────────────────    0     100
45  ──────────▓──────────    0     130
42  ─────────▓▓──────────    0     170
39  ─────────▓▓──────────    6     210
36  ───────▓▓▓▓─▓────────   34     270
33  ──────▓▓▓▓▓▓─────────   37     350
30  ─────▓▓▓▓▓▓▓─────────   44     440
27  ─────▓▓▓▓▓▓▓─────────   47     560
24  ──────▓▓▓▓▓──────────   34     720
21  ─────▓▓▓▓▓▓▓─────────   38     920
18  ─────▓▓▓▓▓▓──────────   22    1170
15  ─────▓▓▓▓▓───────────    8    1490
12  ─────▓▓▓▓▓───────────    5    1900
 9  ─────▓▓▓▓────────────    1    2420
 6  ───▓▓▓▓▓▓▓───────────    0    3080
 3  ────▓▓▓▓▓▓▓▓─────────    1    3920
 0  └┴┴┴┴┴┴┴┴┴┴┴┴┴┴┴┤        0    5000
```

```
VOCALIZATIONS               M total C

60  ─────────────────────  kPl  alaraja
57  ─────────────────────    2      40
54  ─────────────────────    0      60
51  ─────────────────────    2      80
48  ─────────────────────    0     100
45  ─────────────────────    0     130
42  ─────────────────────    0     170
39  ─────────────▓───────    0     210
36  ─────────────▓▓──────    3     270
33  ─────────────▓▓──────    9     350
30  ─────────────▓▓──────   11     440
27  ────────────▓▓───────   18     560
24  ───────────▓▓▓───────   15     720
21  ─────────▓▓▓▓▓───────   21     920
18  ──────▓─▓▓▓▓▓▓───────   36    1170
15  ────────▓▓▓▓▓▓▓──────   40    1490
12  ────────▓▓▓▓▓▓───────   41    1900
 9  ─────▓▓▓▓▓▓▓▓▓▓▓─────   26    2420
 6  ───────▓▓▓▓▓▓▓▓▓─────   21    3080
 3  ─────▓▓▓▓▓▓▓▓▓───────   20    3920
 0  └┴┴┴┴┴┴┴┴┴┴┴┴┴┴┴┤       13    5000
```

4.5.4 Melodische Differenzierung

Ausschnitte von Tonhöhenaufzeichnungen (n = 19) zum Vergleich der drei Versuche

Im Laufe der Darstellung wurde bereits verschiedentlich darauf hingewiesen, daß neben den temporalen vor allem die melodischen Gliederungssignale ausschlaggebend sind. Dabei geht es nicht nur um die Kadenzen oder auch die initialen Tonwechsel, sondern um Tonhöhe und Tonhöhenbewegung allgemein. Diese melodischen Elemente der Prosodie prägen den Höreindruck in erster Linie.

In vielen 'Abhör'versuchen festigten sich folgende 'auditiven Wahrnehmungen': In der Tonhöhe gibt es eine Stufung, eine 'Erhöhung' von der SPRECHE über die SPRECHLESE zur SCHREIBLESE. Während der Sprung von der SPRECHE zur vorgelesenen SCHREIBE eindeutig wahrgenommen wurde, war das Urteil hinsichtlich der SPRECHLESE nicht so eindeutig.

Dieser auditiv gewonnene Eindruck konnte - und dazu waren sie auch vor allem angefertigt worden - mit Hilfe der Aufzeichnungen, die der Tonhöhenschreiber geliefert hatte, überprüft werden. Hier kann freilich von jeder Versuchsperson nur ein kleiner Ausschnitt gegeben werden. Die Absicht, aus Vergleichsgründen immer die Anfänge von (a), (b) und (c) zu kopieren, mußte aufgegeben werden, da die technische Qualität dies ausschloß. Die Beispiele können dennoch - so ist zu hoffen - Unterschiede in der Grundtonhöhe und im Tonhöhenverlauf verdeutlichen. Da die Versuche (a) und (c) im Wortlaut nahezu gleich waren, werden die Ausschnitte hier in der Reihenfolge (a), (c) und danach erst (b) gegeben, d.h. ausnahmsweise in der Reihenfolge SPRECHE, SPRECHLESE, SCHREIBLESE:

134

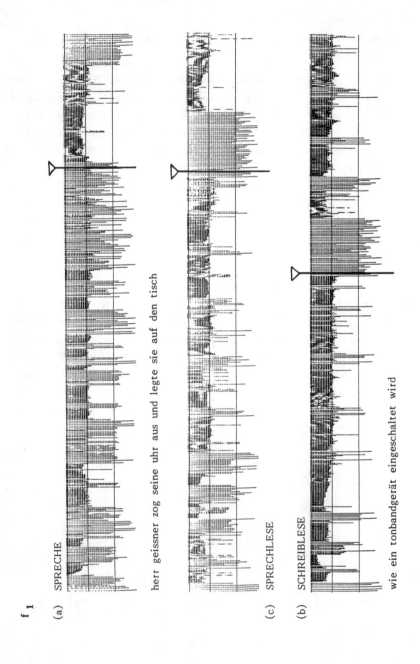

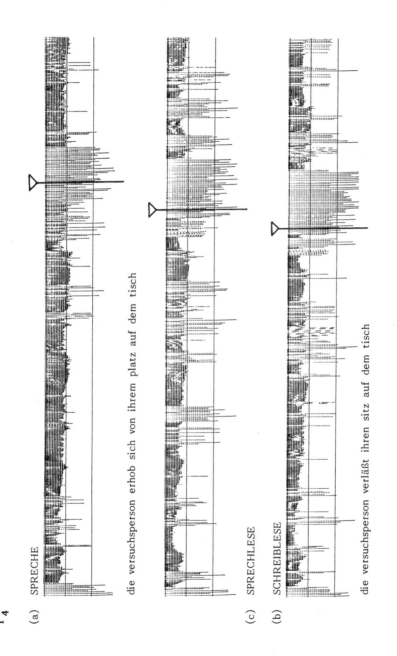

f 4

(a) SPRECHE

die versuchsperson erhob sich von ihrem platz auf dem tisch

(c) SPRECHLESE

(b) SCHREIBLESE

die versuchsperson verläßt ihren sitz auf dem tisch

135

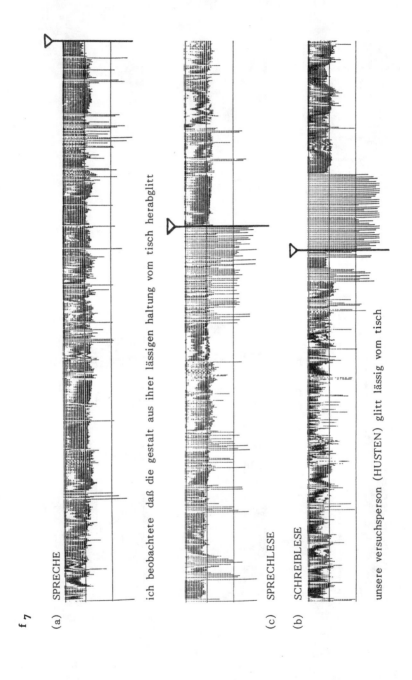

f 7

(a) SPRECHE

ich beobachtete daß die gestalt aus ihrer lässigen haltung vom tisch herabglitt

(c) SPRECHLESE

(b) SCHREIBLESE

unsere versuchsperson (HUSTEN) glitt lässig vom tisch

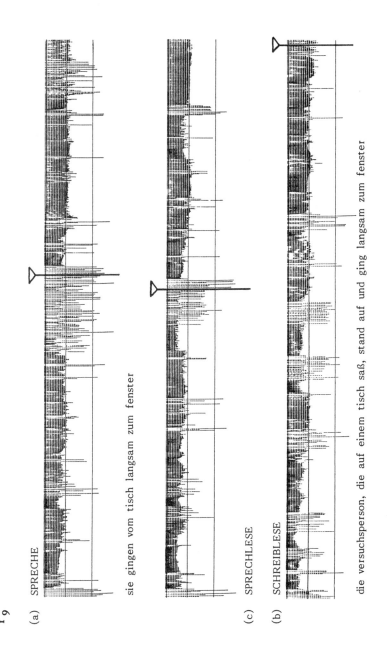

f 9

(a) SPRECHE

sie gingen vom tisch langsam zum fenster

(c) SPRECHLESE

(b) SCHREIBLESE

die versuchsperson, die auf einem tisch saß, stand auf und ging langsam zum fenster

f 18

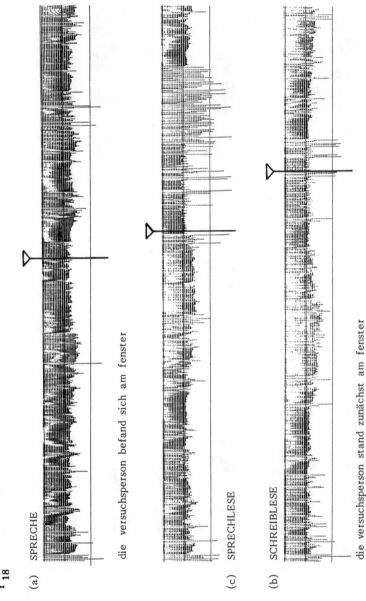

(a) SPRECHE

die versuchsperson befand sich am fenster

(c) SPRECHLESE

(b) SCHREIBLESE

die versuchsperson stand zunächst am fenster

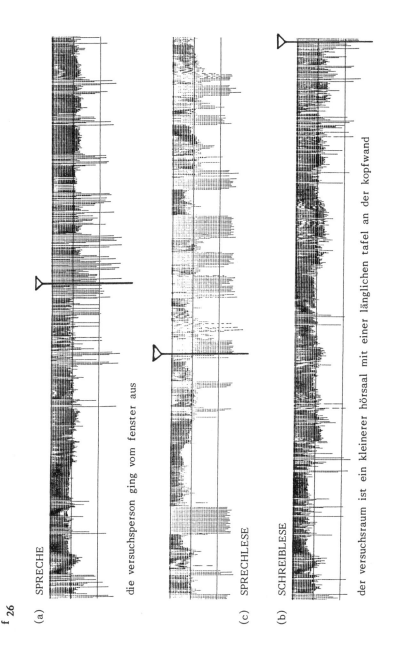

f 26

(a) SPRECHE

die versuchsperson ging vom fenster aus

(c) SPRECHLESE

(b) SCHREIBLESE

der versuchsraum ist ein kleinerer hörsaal mit einer länglichen tafel an der kopfwand

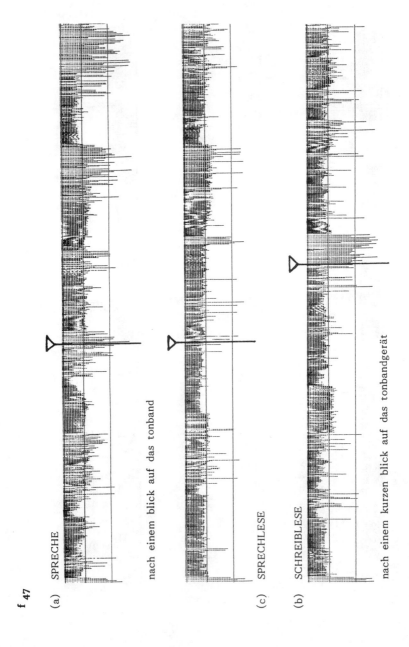

f 47

(a) SPRECHE

nach einem blick auf das tonband

(c) SPRECHLESE

(b) SCHREIBLESE

nach einem kurzen blick auf das tonbandgerät

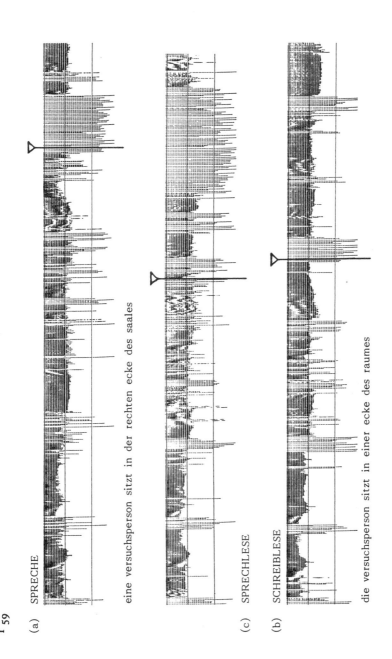

f 59

(a) SPRECHE

eine versuchsperson sitzt in der rechten ecke des saales

(c) SPRECHLESE

(b) SCHREIBLESE

die versuchsperson sitzt in einer ecke des raumes

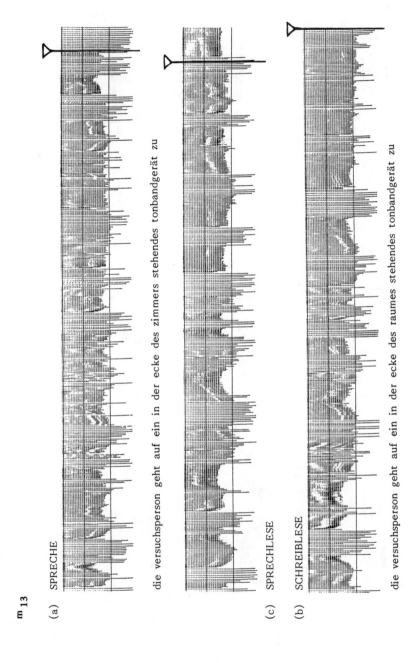

m 13

(a) SPRECHE

die versuchsperson geht auf ein in der ecke des zimmers stehendes tonbandgerät zu

(c) SPRECHLESE

(b) SCHREIBLESE

die versuchsperson geht auf ein in der ecke des raumes stehendes tonbandgerät zu

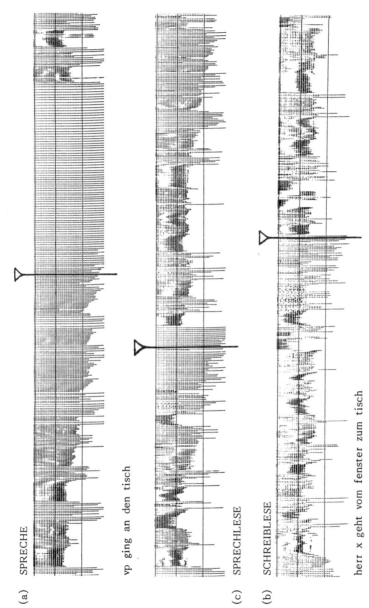

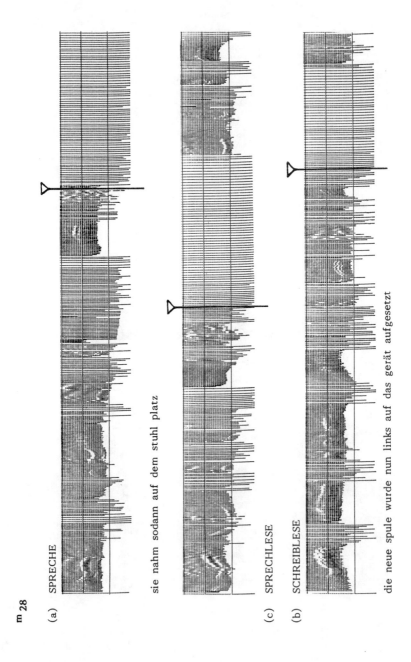

m 28

(a) SPRECHE

sie nahm sodann auf dem stuhl platz

(c) SPRECHLESE

(b) SCHREIBLESE

die neue spule wurde nun links auf das gerät aufgesetzt

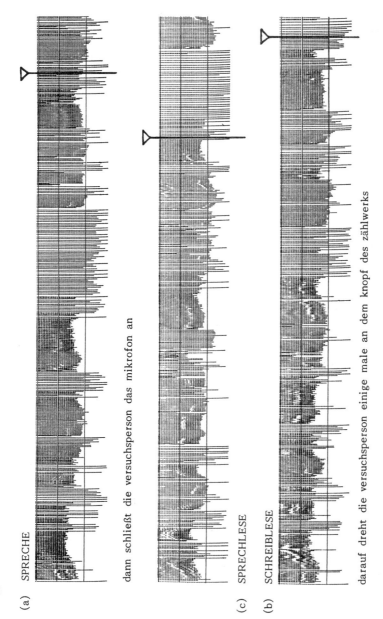

m 30

(a) SPRECHE

dann schließt die versuchsperson das mikrofon an

(c) SPRECHLESE

(b) SCHREIBLESE

darauf dreht die versuchsperson einige male an dem knopf des zählwerks

146

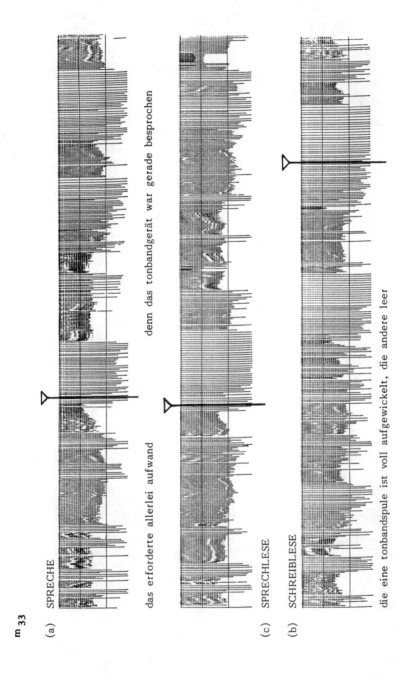

m 33

(a) SPRECHE

das erforderte allerlei aufwand   denn das tonbandgerät war gerade besprochen

(c) SPRECHLESE

(b) SCHREIBLESE

die eine tonbandspule ist voll aufgewickelt, die andere leer

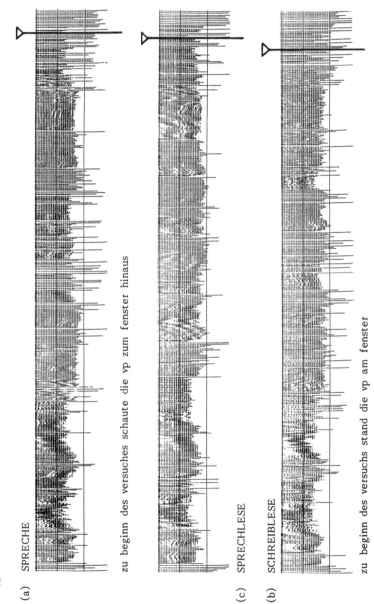

m 42

(a) SPRECHE

(c) SPRECHLESE

(b) SCHREIBLESE

zu beginn des versuches schaute die vp zum fenster hinaus

zu beginn des versuchs stand die vp am fenster

148

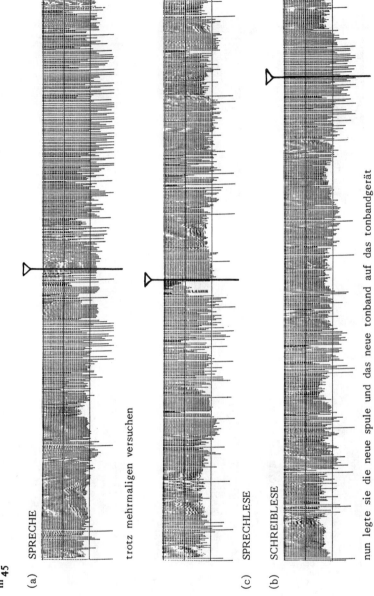

m 45

(a) SPRECHE

trotz mehrmaligen versuchen

(c) SPRECHLESE

(b) SCHREIBLESE

nun legte sie die neue spule und das neue tonband auf das tonbandgerät

m 58

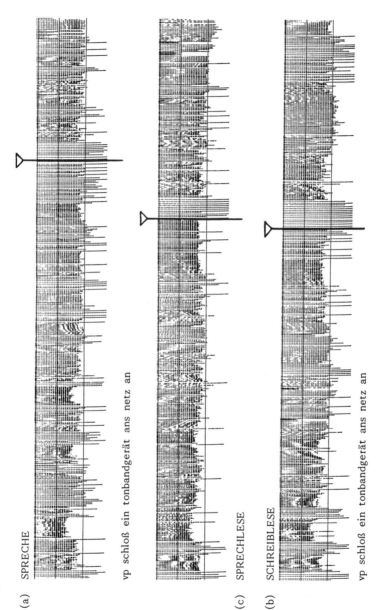

(a) SPRECHE

vp schloß ein tonbandgerät ans netz an

(c) SPRECHLESE

(b) SCHREIBLESE

vp schloß ein tonbandgerät ans netz an

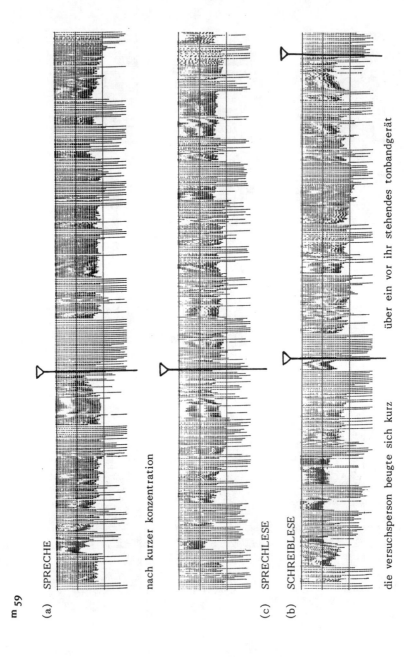

m 59

(a) SPRECHE

nach kurzer konzentration

(c) SPRECHLESE

(b) SCHREIBLESE

die versuchsperson beugte sich kurz

über ein vor ihr stehendes tonbandgerät

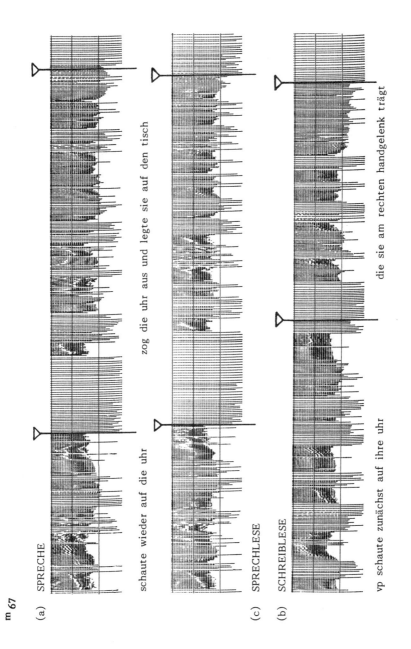

152

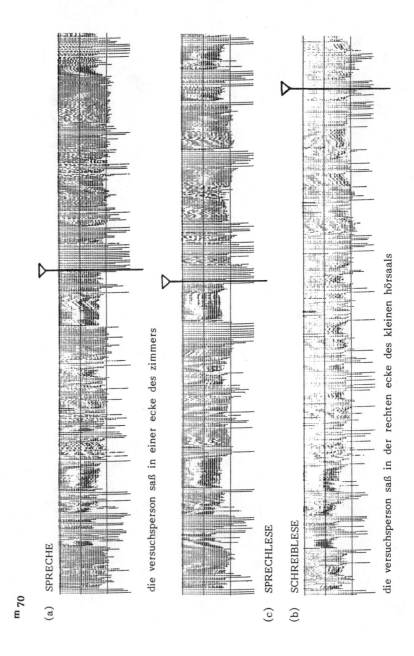

m 70

(a) SPRECHE

die versuchsperson saß in einer ecke des zimmers

(c) SPRECHLESE

(b) SCHREIBLESE

die versuchsperson saß in der rechten ecke des kleinen hörsaals

4.5.5 Vergleich der durchschnittlichen Tonhöhen x̄fo

Die Aufzeichnungen des Tonhöhenschreibers vermochten die auditiven Wahrnehmungen zum großen Teil zu stützen. Eine Errechnung der Grundtonhöhe wäre freilich noch beweiskräftiger.

In Jyväskylä erfuhr ich, daß im dortigen Institut auch ein Computerprogramm zur Bestimmung der durchschnittlichen Tonhöhe x̄fo vorhanden ist. Also bat ich darum, die übersandten Tonaufnahmen auch auf die durchschnittliche Tonhöhe hin auszuwerten.

Zum Verfahren teilte mir Jaakko LEHTONEN brieflich folgendes mit:
"Für jede Stimme wurde ein 'band-pass'-Filter individuell eingestellt, so daß weder Brummen, Sausen und andere Störsignale unter und oberhalb der Sprechtonhöhe geschnitten wurden. (...) Die gefilterten Stimmen wurden in ein digitalisiertes Meßgerät 'eingefüttert'. (...) Das Gerät mißt die Länge jeder Schwingung und vergleicht sie mit den Längen der früher eingespeicherten Schwingungen. Wenn die Wellenlänge und die entsprechende Tonhöhe sich verändert hat, korrigiert die Programmlogik den Mittelwert ... Diese Methode gibt uns also nur den Durchschnittswert, nicht aber Standardabweichungen oder die Variationsbreite der Fundamentalfrequenz. - Obwohl Deine Aufnahmen ziemlich schlecht waren, erwies sich unser Gerät als ziemlich zuverlässig."

Es folgen die Ergebnisse (der einzelnen VPn) in Hz:

Versuch	(a)	(b)	(c)
f 1	243	239	239
f 4	258	273	271
f 7	231	242	241
f 9	251	262	280
f 18	233	232	239
f 26	237	244	255
f 47	275	278	281
f 59	244	237	246
m 13	163	183	199
m 22	191	189	199
m 28	140	138	126

Versuch	(a)	(b)	(c)
m 30	144	157	161
m 33	160	158	157
m 42	189	180	188
m 45	163	169	180
m 58	165	165	163
m 59	172	170	164
m 67	189	201	184
m 70	178	179	174

Die Grundtonhöhe nimmt also durchschnittlich von der SPRECHE zur SCHREIB-LESE zu. Dadurch wurden die auditiven Wahrnehmungen bestätigt. Auffällig sind die relativ großen Unterschiede zwischen den einzelnen VPn.

Völlig unerwartet sind dagegen die Ergebnisse für den Versuch (c), die SPRECH-LESE. Auch diese waren vorher häufig - und von verschiedenen Hörern und Hörerinnen - abgehört und in der Grundtonhöhe ebenfalls zwischen (a) und (c) liegend eingeschätzt worden. Der Computer errechnete nun aber ein deutliches Ansteigen, sogar noch über die Schreiblese hinaus.
Hier divergieren also auditive und apparative Ergebnisse.
Wie ist das zu erklären? Die auditive Wahrnehmung von Stimmen wird geleitet von eigener Stimme und früh einsozialisierten Hörmustern (vgl. GEISSNER 1984), besonders nicht nur von der Stimm'höhe', sondern von Klangfarben, von Intervallgröße, von Intensität und Timbre. Jaakko LEHTONEN bestätigte mir brieflich diese Eindrücke. Außerdem ist es uns kaum möglich, unsere Ohren nur auf 'Melodisches' zu fokussieren. Melodisches wird immer im Zeitverlauf wahrgenommen, also nie unabhängig von der Grundgeschwindigkeit und der temporalen Gliederung. In beiden Hinsichten steht die SPRECHLESE nachgewiesenermaßen zwischen SPRECHE und SCHREIBLESE, von daher mag es sich erklären, daß auch die Grundtonhöhe als zwischen beiden stehend wahrgenommen wurde.

4.6 Zusammenfassung der Auswertungen

Die voranstehenden Einzelanalysen lassen sich unter zwei Gesichtspunkten zusammenfassen, einmal im Hinblick auf das Verhältnis 'mündlich : schriftlich', zum anderen auf das Verhältnis 'freigesprochen : vorgelesen'. In den untersuchten Berichten von jeweils denselben Personen zu demselben Sachverhalt, waren beide Aspekte verschränkt. Dies war - wie ausführlich begründet (in Kap. 3) - die methodisch gewählte Materialbasis der Untersuchung. Die Analyse mußte notwendigerweise, zumindest in Einzelschritten, die beiden Aspekte getrennt angehen. Diese methodische Notwendigkeit sollte jedoch nicht zu der Annahme verführen, die 'Sachen selbst' wären getrennt. Die Untersuchung sollte deutlich gemacht haben, was es heißt: Es gibt weder 'sprachfreies Sprechen', noch 'sprechfreie Sprache'.

Die folgende Auswertung bezieht sich auf die Ergebnisse der Analysen der Kerngruppe (n = 19).

4.6.1 'mündlich : schriftlich'

Wortarten

Die Unterschiede zwischen 'mündlich' und 'schriftlich' sind gering. Auffallend ist, daß im Unterschied zu anderen Untersuchungen und landläufigen Vermutungen die Anzahl der "nebenordnend satzverbindenden" Konjunktionen von (a) und (b) abnimmt, obwohl die Zahl der "unterordnend satzverbindenden" Konjunktionen nur geringfügig zunimmt; d.h. es gibt in den schriftlichen Berichten keine signifikante Zunahme oder gar eine Dominanz der Hypotaxen. Kennzeichnend für die Schreibe ist die Zunahme der Partizipien und Präpositionen. Substantive und Adjektive in attributiver Verwendung nehmen zu, Zeitadverbien ab, ebenso die Anzahl der Personalpronomina. Dies kommt bei der eher entsituierenden SCHREIBE weniger überraschend als die Abnahme der finiten Vollverben. Daraus ist zu schließen, daß es in der SPRECHE relativ mehr selbständige Einheiten gibt, sofern eine finite Verbform als zureichendes Bestimmungsmerkmal dafür angesehen werden kann.

T T R

Das Verhältnis der Anzahl der in den Berichten vorkommenden Wörter zur Häufigkeit der Verwendung der einzelnen Wörter, die type-token-ratio (TTR), ist ebenfalls weniger aufschlußreich als erwartet.

In der SPRECHE wurden 1720 types 3008 mal gewählt,

in der SCHREIBE   "   2717   "   5025 mal.

Die absoluten Zahlen scheinen aussagekräftiger als die Durchschnittswerte der TTR, die hier noch einmal gegeben werden sollen:

$\bar{d}$ 0,579 : $\bar{d}$ 0,562

d.h. in der Spreche ist die Differenzierung geringfügig höher als in der Schreibe.

Silbenzahl

Die Anzahl der Silben pro Wort unterschied sich nur geringfügig:

SPRECHE $\bar{d}$ 1,667 : SCHREIBE $\bar{d}$ 1,723

d.h. die mittlere Silbenzahl pro Wort ist in der Schreibe geringfügig höher (0,56).

Silbigkeit

Das Verhältnis der Einsilbler zu den Mehrsilblern bzw. das Verhältnis der Einsilbler zur Silbensumme der Mehrsilbler ist dagegen aufschlußreich:

SPRECHE 1612 : 1350 bzw. 3350 = $\bar{d}$ 84,84 : 176,30

SCHREIBE 2726 : 2304 bzw. 5884 = $\bar{d}$ 143,50 : 309,70

Satzarten

Wird die Syntax aufgrund der einfachen Verschriftung analysiert, so ergibt sich folgendes:
In der SCHREIBE nimmt die Anzahl der selbständigen Hauptsätze zu (+ 9,84 %), auch die Zahl der Gliedsätze sowie der Gliedteilsätze. Erstaunlich ist, daß auch die Anzahl der Setzungen leicht zunimmt. Daß sich in der Schreibe die Satzplanungsfehler mindern, ist weniger verwunderlich, als daß es noch immer fast 1 % Fehlplanungen gibt.

Erstaunlich ist dagegen, daß im Vergleich zur SPRECHE die Anzahl der "Hauptsatz-Fortsetzungen" erheblich abnimmt (- 14,16 %). Die syntaktische Analyse wertet in der Spreche als "Fortsetzung eines Hauptsatzes", was intonatorisch eine selbständige Äußerung sein kann.

Umfang der syntaktischen Einheiten

Werden die syntaktischen Einheiten auf der Basis der einfachen Verschriftung errechnet, dann ergibt sich folgendes:

138 "Sätzen" in (a) stehen 267 Sätze in (b) gegenüber.

Bezogen auf die Kerngruppe (n = 19) heißt das:

$\bar{d}$ 7,3 in (a) : $\bar{d}$ 14,1 in (b);

die durchschnittliche Wortanzahl beträgt:

21,5 pro "Satz" und 30,1 pro Satz.

Äußerungen im Verhältnis zu Sätzen

Der Vergleich von Äußerungen zu Sätzen ist besonders schwierig. Während bei den Sätzen die Punkt-zu-Punkt-Zählung möglich ist, sind die gesprochenen Einheiten nur von ihren auditiv ermittelten und apparativ gestützten Grenzen her zu bestimmen. Die kleinsten gesprochenen Einheiten wurden als prosodische Einheiten definiert und als Äußerung bezeichnet.

Die Anzahl der auf die beschriebene Weise ermittelten - und im Transkript notierten - Äußerungen beträgt 289, d.h. pro VP 15,2 Äußerungen mit einer Wortanzahl von 10,25 Wörtern.

Der Unterschied im Verhältnis zu den 14,1 Sätzen je VP mit 30,1 Wörtern ist beträchtlich. Werden dazu noch die Silbenzahlen berücksichtigt, so ergibt sich eine Differenz von $\bar{d}$ 17,1 Silben je Äußerung : $\bar{d}$ 51,9 Silben je Satz.

4.6.2 'freigesprochen : vorgelesen'

Bei der Untersuchung des Verhältnisses der freigesprochenen und vorgelesenen Berichte wurden nur einige sprecherische Ausdrucksmerkmale analysiert. Da die ursprünglich spontane SPRECHE zum Vorlesen verschriftet worden war, ergab sich die Möglichkeit, je VP zwei Vorleseleistungen zu vergleichen: SCHREIB-LESE (b) und SPRECHLESE (c).

temporal

(n = 19)	Wörter/Minute	(a):	$\bar{d}$ 110,8
		(b):	$\bar{d}$ 152,1
		(c):	$\bar{d}$ 134,1
	Silben/Minute	(a):	$\bar{d}$ 183,4
		(b):	$\bar{d}$ 261,0
		(c):	$\bar{d}$ 217,3

Die SPRECHLESE (c) steht, sowohl was die Wort- als was die Silbengeschwindigkeit anlangt, deutlich zwischen (a) und (b). Die Zunahme der Sprechgeschwindigkeit von (a) nach (b) beträgt bezogen auf Wörter 41,3 %, bezogen auf Silben sogar 77,6 %.

Die Silbigkeit - wie sie vorher angegeben wurde - erklärt die Zunahme der Geschwindigkeit von einer anderen Seite.

melodisch/temporal

Das Verhältnis der 'Sprechstrecken' zu den 'Pausen' bestätigt diesen Befund. Abkürzend wird nur das Ergebnis der gesamten Kerngruppe (n = 19) angeführt:

(a):	Sprechstrecken 72 %	:	28 % Pausen
(b):	" 79 %	:	21 % "
(c):	" 76 %	:	24 % "

In (a) gibt es also verhältnismäßig mehr Pausen als in (b); (c) liegt wiederum zwischen beiden. Die Dauer der - vorher nicht im einzelnen kommentierten - Pausen, wie sie die Grafiken anzeigen, ist noch aussagekräftiger.

melodisch

Die Analyse wies eine bereits auditiv festgestellte 'Erhöhung' der durchschnittlichen Grundtonhöhe $\bar{x}$fo von der SPRECHE zur SCHREIBLESE nach:

bei den Frauen durchschnittlich um 4,4 Hz,

bei den Männern " um 3,2 Hz.

Die apparative Messung bestätigte die auditive Einschätzung, wenngleich die Unterschiede hörend viel größer wahrgenommen worden waren.

Im Vergleich der $\bar{x}$fo zwischen (b), der SCHREIBLESE, und (c), der SPRECHLESE, kommt dagegen die apparative Analyse zu einem anderen Ergebnis als die auditive Einschätzung.

Die Messung ergibt bei den Frauen einen erneuten 'Anstieg' von durchschnittlich 5,6 Hz, bei den Männern einen durchschnittlichen 'Anstieg' von 0,5 Hz.

In der auditiven Einschätzung wurde dagegen die Sprechlese übereinstimmend (von mehreren Beurteilern) als wiederum zwischen (a) und (c) liegend eingeschätzt.

Es kann vermutet werden, daß die zuvor beschriebenen Einzelheiten, vor allem die geringere Sprechgeschwindigkeit, mehr und längere Pausen, diesen Höreindruck bewirkt haben, außerdem die im Durchschnittsverfahren nivellierten Kadenzen, sowie die in der Messung unberücksichtigt gebliebenen Klangfarben, Intervallgrößen und das Stimmtimbre.

4.6.3 Conclusio

Die untersuchten, als SPRECHE und SCHREIBE vorhandenen Berichte ließen weder eine eindeutige Dominanz des einen über das andere, noch erhebliche Defizite auf der einen oder anderen Seite feststellen, nicht einmal eine 'kluft-artige' Differenz, so daß vom sprachlichen Material aus die Kontinuitätshypothese im Verhältnis 'mündlich : schriftlich' als bestätigt gelten könnte. Hinsichtlich des Verhältnisses 'freigesprochen : vorgelesen' zeigten sich jedoch erhebliche Differenzen, die zu einem nicht unerheblichen Teil auch durch das sprachliche 'Material' mitverursacht waren. Diese sprachlich mitbedingten Differenzen bestätigen die Vermutung, die Unterschiede zwischen "mündlich = restringiert : schriftlich = elaboriert" seien weniger Unterschiede der Schicht als der Schulbildung. Dabei waren die Unterschiede zwischen SPRECHE und SCHREIB-LESE größer als die sowohl zwischen SPRECHE und SPRECHLESE als auch die zwischen SCHREIBLESE und SPRECHLESE. Die SPRECHLESE stand in verschiedenen Parametern zwischen SPRECHE und SCHREIBLESE.

5. FOLGERUNGEN

Eingedenk der Aussage YORCK VON WARTENBURGs an DILTHEY, daß "im Praktischwerdenkönnen der letzte Rechtsgrund aller Wissenschaft" liege, sollen nun aus den Ergebnissen der Analysen einige Folgerungen abgeleitet werden. Dabei gilt es freilich zu bedenken, was RUBIN (1980) zu einem Experiment von DANKS (1977) bemerkte: "... the data do not support judgements about anything more general than college sophomores talking and writing about a particular topic in a particular communicative situation." Bei dem hier zugrundliegenden Experiment handelt es sich zwar nicht um Studienanfänger, sophomores, sondern um Studierende der Germanistik aus mittleren Semestern, aber es ging um einen partikularen Gegenstand, eben mündliche und schriftliche Berichte, die aus der partikularen Situation eines Universitätsseminars stammten. Diese Partikularitäten mahnen zur Vorsicht, falls der Versuch unternommen werden sollte, die auf dieser Basis gewonnenen Ergebnisse zu verallgemeinern oder gar generelle Urteile davon abzuleiten.

Die Meß- und Zählergebnisse der quantitativen Analysen, erhalten jedoch ein anderes Gewicht, wenn sie einbezogen sind in eine qualitative Analyse. "Es sollte nicht übersehen werden, daß auch der 'Analytiker', da er ja nicht alles und jedes analysiert und nicht alles mit jeder Methode, immer schon ein Hermeneutiker gewesen sein muß, ehe er ein Analytiker sein kann, bzw. (...) ein Hermeneutiker werden muß, wenn er seine Analysen verstehen will" (GEISSNER 1982). Es gilt die Abfolge: Prähermeneutische Einstellung - Analytik - Hermeneutik. Aufgrund dieser Begründung halte ich es für legitim, das hermeneutische Erfahrungswissen aus einer vier Jahrzehnte umfassenden akademischen Lehrtätigkeit einzubeziehen. Gestützt auf beide Grundlagen, die empirisch ermittelten Ergebnisse und das hermeneutische Wissen, sind - bei aller gebotenen Vorsicht - doch einige allgemeinere Schlußfolgerungen möglich.

Sie gelten

   1) schulischem Unterricht allgemein,

   2) dem Deutschunterricht im besonderen,

vor allem aber

   3) der Sprecherziehung in allen Bereichen.

5.1 Schulischer Unterricht allgemein

Die in dieser Untersuchung erst vorausgesetzte, dann in einem Teilgebiet nach-
gewiesene Verhältnismäßigkeit von 'mündlich' und 'schriftlich', müßte Konsequenzen haben für den schulisch organisierten Unterricht. Dieser Unterricht ist
durchgängig geprägt von einer Unverhältnismäßigkeit. Der "written language
bias", das Vorurteil vom Vorrang der geschriebenen Sprache ist übermächtig.
Unbestritten ist die Bedeutung der Schriftlichkeit, z.b. die durch sie ermöglichte
Externalisierung des Gedächtnisses, der raum- und zeitunabhängige Zugriff zu
Wissensbeständen, die Entsituierung kommunikativer Vorgänge usw. Es hat den
Anschein, als sei ihre Bedeutung in den Naturwissenschaften größer als in den
Geistes- oder Sozialwissenschaften.

Rechtfertigen diese Feststellungen jedoch die rigide Alphabetisierung aller
Schulanfänger/innen - obwohl bei der 'Steilheit' der Bildungspyramide später
maximal 10 % (vielleicht sind es auch 15 %) zu den vorwiegend akademischen
Funktionseliten gehören werden? Rechtfertigen diese Feststellungen die vergleichbar rigide Scriptualisierung aller Schüler/innen - obwohl für deren über-
wältigende Mehrzahl später in 'Leben' und 'Beruf' ihre Gesprächsfähigkeit die
sozial wichtigste Fähigkeit sein wird, von den Millionen ganz zu schweigen, die
als funktionale Analphabeten weder die eine noch die andere Fähigkeit erlernen?
Rechtfertigen diese Feststellungen die vergleichbar rigid versuchte 'Literari-
sierung' aller Schüler/innen - obwohl die 'kanonische' Literatur in ihrem späteren
Leben kaum eine Rolle spielen kann, oder sie als mehrheitlich 'Semiliterate'
den Zugang dorthin verlieren müssen.

Es ist merkwürdig zu erfahren, wie unter dem Vorurteil vom Bildungsprimat der
geschriebenen Sprache die 'sekundären Kulturtechniken' des Schreibens und
Lesens - so heißen sie wohl noch immer und trotz alledem - dominant werden.
Dabei wird offenkundig vorausgesetzt, daß die 'primären' - hier sträubt sich die
metaphorische 'Feder' - 'Kulturtechniken' des Sprechens und Hörens bei allen
Kindern bis zur Einschulung "naturwüchsig" im vollen Umfang entwickelt worden
seien. Während dies vielleicht in früheren Zeiten mehr oder weniger unbefangen
angenommen werden konnte, wäre nach den Forschungsergebnissen der Pädo- und
vor allem der Soziolinguistik (AMMON/SIMON 1975) eine derartige Annahme
leichtfertig, wenn nicht zynisch. Die alltägliche mündliche Verständigung wird
von den meisten, die in die Schule kommen, im Dialekt vollzogen; in einer
Sprachvarietät, die "pragmatisch defekt" (LÖFFLER 1974), weil nicht schreibbar

ist; ohne Lexikon für Wissenschaft, Technik, Politik, nicht einmal für Religion; nicht-standardisiert; regional begrenzt. Die Kluft zwischen Standard- und Regionalvarietäten klafft auf allen Ebenen der Systeme: Phonemik, Prosodik, Morphemik, Syntax. Wie soll geschrieben werden, was z.b. aufgrund des mundartlichen Phonemsystems nicht gehört wird? Also doch erst Unterricht im Hören? Gerade weil die regionalen Dialekte nicht geschrieben werden können, wird das Schreiben in der schreibbaren Standardvarietät der eigenen Sprache gelehrt und gelernt. Auf diese Weise wird von Anfang an der Unterschied bewußt gemacht zwischen der 'minderen' Form lebenspraktisch erworbener Mündlichkeit und der erstrebenswert 'hohen' Form der - wenn auch für die meisten lebensuntauglichen - Schriftlichkeit. Allen Ansätzen der "Kontrastiven Linguistik" zum Trotz wird die Standardvarietät auch des Deutschen noch immer gelehrt "wie ein anderes Latein". Die "Schulschwierigkeiten der Dialektsprecher" (z.B. AMMON 1971) sind akribisch untersucht worden, geändert hat sich - grosso modo - nichts.

So nimmt es nicht wunder, wenn 'fächerübergreifend' und 'schulformunabhängig' noch immer längst überholte Regeln am Leben erhalten werden. Regeln, deren dunkler Ursprung in ihrer Schriftorientiertheit liegen mag. Regeln, die unbesorgt weiter verwendet werden, weil die sie Postulierenden von sich annehmen, daß sie selbst sich regelkonform verhielten. Für das Verhältnis von Ausspracheregel als Rechtschreibregel (und umgekehrt) wurde das längst als Irrglaube entlarvt (SLEMBEK 1986). Bekannt ist das auch für die schon durch Philologenwitze in ihrer Absurdität durchschaute Regel: "Antworte in einem ganzen Satz!" Zwar ist es schon verblüffend zu erleben, daß Lehrende selbst diese Regel oft nicht beachten; im Grunde aber ist es erfreulich, wenn ihnen dieser 'Regelverstoß' unterläuft. Ärgerlich ist allein die Tatsache, daß sie es von ihren Schülern/innen fordern und dies auch noch für richtig halten. Wenn eine mündliche Antwort auf eine Lehrerfrage oder die mündliche Darstellung eines Sachverhaltes aus Schülermund lediglich der schreibgrammatischen Korrektheit wegen "in einen Satz" gebracht werden muß, dann ist das eben absurd; denn eine "Äußerung" ist im situativen Kontext auch ohne grammatikalische Vollständigkeit verständlich. Im Prozeß des wechselseitigen Sprechdenkens und Hörverstehens gilt sogar der Umkehrschluß: Grammatische Vollständigkeit kann Verständigung verhindern! Das Achten auf grammatische Korrektheit könnte z.B. einem Fragenden anzeigen, daß der Antwortende distanziert ist, wenn nicht abweisend. Er/sie orientiert sich weder an der gemeinsamen Situation noch an meiner Frage ("Wo hab ich meine Brille?" - "Aufm Schreibtisch!" vs. "Deine Brille liegt auf Deinem Schreibtisch.")

Um es auf den Punkt zu bringen: Wer die schriftorientierte Aufforderung "Antworte in einem ganzen Satz!" befolgt, verhält sich in vielen Situationen unkommunikativ, wenn nicht gar asozial.

Nur unter der Voraussetzung, daß letztlich allem Sprechen im Unterricht nur eine Hilfsfunktion für das Schreiben zukomme, ließe sich die Regel rechtfertigen. Dann wäre allerdings nicht mehr allein diese Regel absurd, sondern das gesamte Konzept.

In den letzten Jahren wurde immer deutlicher, daß viele junge Menschen in unseren Schulen trotz aller Schriftorientiertheit des Unterrichts keine Schriftlichkeit entwickeln. Es wäre jedoch ein verhängnisvoller Irrtum anzunehmen, daß sie - gleichsam kompensatorisch - ihre Mündlichkeit entwickelten. Heute könnte es in einer anderen Ausdrucksweise gesagt werden, aber was Erich DRACH 1922 (!) schrieb, ist noch immer gültig: "Unsere Schüler können nicht sprechen. Sprechlustig und plauderfroh kommt der Sechsjährige zu uns; unaufhörlich geht das Mäulchen, wenn es von den Erlebnissen seines kleinen Weltkreises berichtet. Von Jahr zu Jahr fließt der Quell dann dünner. Der Schüler lernt zwar Lesen und lernt es ausgezeichnet, wenn Lesen nicht mehr bedeutet, als mit Geläufigkeit geschriebene und gedruckte Wortbilder erkennen und hersagen. Er wird angehalten, auswendig gelernte Gedichte 'aufzusagen'; mit welchem Durchschnittserfolg ist bekannt. Er übt auch mündlichen Ausdruck - meistens mit dem Ergebnis, daß über den katechetisch herausgeholten Einzelsatz hinaus ein Wortformen in zusammenhängender, schöpferisch gestaltender Rede nicht zu erzielen ist; fast überall stottert stockende Unbeholfenheit oder poltert ängstliche Überhastung. Redeungewandt, verstummt verläßt der Schüler die Schule" (DRACH 1922).

Es sollte nicht übersehen werden, daß viele unter dem Einfluß der Schriftimperative sprechängstlich werden oder wirklich verstummen. Selbst diejenigen, die unbeschädigt bleiben, können sich oft dem Druck der früh gelernten, früh internalisierten Regeln kaum entziehen. Dies mag erklären, warum sich selbst erwachsene Lerner noch von der 'Ganzer-Satz'-Regel verunsichern lassen und sich ängstigen. Davon wird noch zu reden sein.

Wenn auch gesamtgesellschaftlich wohl noch nicht entschieden werden kann - weil das Problem noch gar nicht hinreichend bewußt ist -, wer wieviel Schriftlichkeit von welcher Art braucht, kann doch eindeutig gesagt werden, daß grundsätzlich jede/r Mündlichkeit braucht. Deshalb ist es erforderlich, keine zusätzlichen Barrieren zu errichten, sondern schulische Anreize für das Miteinandersprechen ebenso zu schaffen wie für sachlich präzises, hörverständliches mündliches Darstellen.

Und die Lehrenden? Beherrschen sie theoretisch und praktisch die "taxonomy of the differences between oral and written language" (RUBIN 1980)? Wissen sie, wie sie selber im Unterricht zu und mit ihren Schülern und Schülerinnen sprechen? Kennen sie didaktische Konzepte und Methoden, um die Gesprächsfähigkeit der Lernenden zu entwickeln? Sind sie selbst gesprächsfähig?

5.2 Deutschunterricht im besonderen

Eine ganz besondere Rolle kommt in dem geschilderten Prozeß dem Unterricht in der eigenen 'Sprache' zu, in den Varietäten der jeweiligen Sprache. Daß es schriftliche und mündliche Varietäten innerhalb 'einer Sprache' gibt, wird zwar theoretisch beschrieben, aber die Unterrichtspraxis scheint davon unberührt zu bleiben. Das gilt auch für den Deutschunterricht. Geändert hat sich mancherlei in der Terminologie, einiges in den sprachwissenschaftlichen Begründungen (Linguistisierung), aber trotz der einmal vielbesungenen 'kommunikativen Wende' blieben im allgemeinen die Vermittlung von "Reflexion, Produktion und Rezeption" an geschriebener oder zu schreibender Sprache und Literatur orientiert. Dabei sollte auf keinen Fall übersehen werden, daß in allerjüngster Zeit selbst das Lippenbekenntnis zur 'kommunikativen Wende' leiser wird, sofern diese nicht schon längst wieder 'rückgewendet' worden ist.

Ich will hier nur auf ein paar Bereiche eingehen, die sich mit den Ergebnissen meiner Untersuchung berühren. An didaktischen oder gar methodischen Konsequenzen möchte ich mich hier nicht verheben.

Deshalb muß ich mich - bezogen auf die Situation des Anfangsunterrichts - mit einigen Hinweisen begnügen. Zwar wird in der Grundschulpädagogik muttersprachliches "Erstschreiben" und "Erstlesen" unterrichtet - übrigens in den meisten Fällen von Lehrenden, die 'Deutsch' nicht als Hauptfach studiert haben (!) -, aber aufgrund der voranstehend geschilderten unrichtigen Annahmen keineswegs "Ersthören" und "Erstsprechen". Das könnten verantwortlich auch nur

Lehrende, die nicht nur 'Deutsch', sondern auch 'Sprechwissenschaft' und 'Sprecherziehung' studiert hätten.

Eine systematische, nicht-musikalische Hörerziehung, eine systematische Entwicklung des Hörverstehens analog zu der des Leseverstehens findet in unseren Schulen überhaupt nicht statt, in keiner Schulform, auf keiner Schulstufe. Das ist in anderen Ländern anders (DUKER [2]1968, URBAN 1977). Die Idee, deutschen Kindern in der Schule mit "Erstsprechen" zu helfen ihre mündliche Kommunikationsfähigkeit zu entwickeln, mag denjenigen völlig abwegig erscheinen, die von der Annahme ausgehen: "Jeder normale Mensch kann doch sprechen." Einmal angenommen, diese Annahme entspräche der Wirklichkeit, dann wäre noch nichts ausgesagt über die Varietät, in der die Menschen hörend-sprechend sich über wie viele und welcherart 'Dinge' unterhalten und verständigen könnten. Da die Mehrzahl der Mädchen und Buben mit irgendeiner Dialektvarietät aufgewachsen sind, müssen sie beim Schreiben- und Lesenlernen ihre erste Fremdsprache lernen, selbst wenn dies 'nur' die Standardvariante ihrer eigenen Sprache ist. Das Erlebnis der Fremdheit, das 'Sich-nicht-ausdrücken-können', das 'Sich-nicht-verständigen-können', ist in der eigenen Sprache schmerzlicher. Deshalb sind die Wirkungen des Versagens nachhaltiger als in Fächern, in denen neue Inhalte sofort mit neuen Bezeichnungen (Wörtern) gelernt werden. Die Schulschwierigkeiten zumal der Dialektsprecher sind auf allen Gebieten des schriftsprachlichen Ausdrucks gravierend (vgl. AMMON 1972, HASSELBERG 1976), freilich auch in denen des schriftsprachorientierten mündlichen Ausdrucks. Es führt eben keine Brücke von dem nicht-schreibbaren, aber mündlich brauchbaren Dialekt zu der schriftlich brauchbaren, aber (für Dialektsprecher) nicht-sprechbaren Schulsprache. Die Ansätze zu einem "dialektorientierten Sprachunterricht" (AMMON/KNOOP/RADTKE 1978) sind eher spärlich, und selbst die Bändchen der Reihe "Dialekt : Hochsprache - kontrastiv" (BESCH/LÖFFLER/REICH 1976 ff.) sind weithin unbekannt; ganz abgesehen davon, daß Lehrende selten gelernt haben, damit umzugehen.

Wer entscheidet, welche Kinder mit welcher Berufsperspektive welche Varietät ihrer Sprachen im Verhältnis 'schriftlich : mündlich' in welchem Umfang lernen? Der kaum für (sog.) Muttersprachler verantwortlich lösbare Zielkonflikt verschärft sich im "Deutschunterricht für Ausländer" (GEISSNER 1981 b). Zu einer 'eingewurzelten' Dialektvariante ihrer Muttersprache haben sich Gastarbeiterkinder eine Dialektvariante des Deutschen 'umgänglich' angeeignet und

werden dann in die schriftsprachliche Standardvariante der Fremdsprache einge-
schult. Die Folgen - nicht nur für Kinder der ersten Migrantengeneration - sind
bekannt, sowohl für das mündliche als auch, und stärker noch, für das schriftliche
Ausdrucks- und Darstellungsvermögen. Auch hier zeigt sich wieder der 'written
language bias'. Dem weithin unbefragt gesetzten Primat der Schriftlichkeit entspricht keineswegs seine kulturelle Priorität. Nur auf dem Weg über die schriftorientierte Schulbildung entwickeln die einen ihr Überlegenheitsgefühl, die anderen
das schlechte Gewissen ihrer Inferiorität. "Thus formal schooling, in the process
of teaching children to deal with prose texts, fosters the ability to 'speak a
written language'" (OLSON 1977).

Auf diesen in vielen Hinsichten unsicheren Fundamenten wird dann weiter im
Erst- und Zweitsprachunterricht 'aufgebaut', im allgemeinen so, als ob das
Fundament fest und sicher sei. Die Zielvorstellung bleibt - wiederum 'im all-
gemeinen' - der Erwerb der deutschen Schriftsprache

1) für den schriftlichen Gebrauch (Produktion),
2) das Verstehen von Geschriebenem und Gedrucktem (Rezeption),
3) das Nachdenken über 'Nutz und Frommen' von 1) + 2) (Reflexion).

Dementsprechend werden die mündlichen Formen der Entwicklung der schriftlichen dienstbar gemacht.

Aussprachekorrekturen erfolgen, wenn überhaupt, der Rechtschreibung wegen.
Dies geschieht vor allem im Bereich der sog. "Schärfung" (lügen - Lücken,
Hasen - hassen, usw.). Dabei wird, keineswegs nur in der 'Diktat'-Aussprache,
auch Falsches in Kauf genommen; so, wenn z.B. die standardlautliche Homo-
phonie von 'das' und 'daß' [das] aufgelöst wird in [daːs] und [das], oder wenn
der in manchen Dialektgebieten kaum gehörte Unterschied von -sch [ʃ] und
vorderem -ch [ç] in einigen Fällen schriftnah verdeutlicht wird als ['zeːliʃ] vs.
['zeːlik] usw. Es geht mir bei diesen Beispielen nicht um Methoden der Laut-
bildung, sondern um die Dominanz der Rechtschreibung (Orthographie) über die
Rechtlautung (Orthoepie) (vgl. NAUMANN 1987, NERIUS 1987). Dabei ist sogar
das 'Recht-' bzw. 'Ortho-' in meiner Argumentation nicht der entscheidende
Bezugspunkt, vielmehr geht es schlicht - auf welcher Variantenebene auch
immer - um die Dominanz der Schreibung über die Lautung.

Diese Einstellung zeigt sich auch im "weiterführenden Lesen". Noch immer hält
sich beispielsweise die fragwürdige Regel "Beim Komma hebt, beim Punkt senkt

man die Stimme". Mag die zweite Hälfte, Punkt gleich Stimmsenkung, auch noch hingenommen werden, die erste Hälfte der Regel, Komma gleich Stimmhebung, ist im Regelfalle falsch. Kommata sind in den meisten Fällen eher grammatische Analysezeichen, aber nur selten Sprechzeichen. In vielen Fällen gibt es an Stellen 'mit Komma' keinerlei Tonhöhenveränderung, dagegen an Stellen ohne jedes grafische Zeichen Pausen und Tonhöhenveränderungen. Außerdem bedeutet Tonhöhenveränderung innerhalb eines 'Satzes' keineswegs immer Stimmhebung, sondern häufig, auch an 'Kommafugen', Stimmsenkung.

Ganz unverständlicherweise wird offen'sichtlich' der Unterschied zwischen 'Hörzeichen' und 'Sehzeichen' gar nicht mehr wahrgenommen. Dabei wird von der geschichtlichen Entwicklung abgesehen, von den verschiedenen sprachsystematischen und kommunikativen Funktionen. So nur ist es zu erklären, daß sich im Laufe der Zeit eine Dominanz der Interpunktion über die Intonation entwickelt hat. Die Schriftprägung der Leselehre wird noch deutlicher, wenn nicht nur die Tonhöhenbewegung berücksichtigt wird, sondern weitere prosodische Merkmale: Geschwindigkeit, Pausen, Hervorhebungen. Noch immer gilt allgemein als Kriterium einer guten Leseleistung, die dabei nur als Vor-Leseleistung gewertet (benotet) wird: fehlerlose Aussprache, bei hoher Sprechgeschwindigkeit, ohne Stockungen, 'regelkonformer' Melodieführung in angemessener Lautheit. Eine derartige 'Lesefähigkeit' gilt nicht nur als textangemessen, sondern vielerorts - wie Untersuchungen zeigen (vgl. SLEMBEK 1983) - als Intelligenznachweis. Die künftigen Deutschlehrer/innen aus meiner Untersuchung haben derlei Anweisungen mit Erfolg internalisiert. Sie zeigen aber zugleich folgendes: Unter. der Anspannung, stockungsfrei (Pausen) und fehlerlos (Artikulation) lesen zu müssen, erhöht sich die Grundtonhöhe, gleichzeitig nivelliert sich bei zunehmender Sprechgeschwindigkeit die Tonhöhenbewegung, das melodische Intervall wird kleiner, die gehäuften Hervorhebungen ('Betonungen') werden schwächer.

Was wie eine Karikatur anmuten mag, ist nicht nur schulischer Alltag. Wo immer etwas verlesen wird - wie es durchaus angemessen heißt - z.B. Urteilsbegründungen bei Gericht, Verträge beim Notar, ein Krankenblatt, nicht selten auch akademische 'Vor'lesungen oder Predigten, Nachrichten in Hörfunk und Fernsehen - überall ist diese Art vorzulesen zu finden. Es lassen sich weitere Erfahrungen anschließen:

- bezogen auf die Lesenden: die fließende Entzifferung führt in vielen Fällen
dazu, daß die Entzifferer nicht verstanden haben, was sie vorgelesen haben;

- bezogen auf den Inhalt: der im fließenden Entziffern verlautbarte Inhalt behält aufgrund seiner schriftlichen Fixierung seine 'Dignität' (z.b. Judiziabili-
tät), die Modalitäten seiner Verlesung gelten dagegen als irrelevant;

- bezogen auf die Hörenden: das fließende Entziffern (der geschilderten Art) ignoriert die Hörenden als potentielle Koproduzenten von Sinn; denn der liege - so
wird behauptet - hörerunabhängig im geschriebenen Text.

Wer die 'Orte' dieser 'Art' zu verlesen bedenkt, könnte auf den Gedanken
kommen, es habe sich in diesem defizienten Proklamationsstil eine Ausdrucksform
entwickelt, in der sich Macht und Herrschaft - gut getarnt - am Leben erhalten.
Wenn nun Schule, und insbesondere der Deutschunterricht, diesen Verlesestil
lehren und pflegen, dann vermitteln sie unbemerkt Herrschaftswissen in beiden
Richtungen: Sowohl für die, die das Herrschaftswissen lernen als zukünftig Auf-
steigende, als auch für die, die es selbst nicht gebrauchen werden, die aber
lernen, wie ihnen künftig "die Leviten gelesen" werden. Auch in dieser Hinsicht
ist "lautes Lesen ein rhetorischer Akt" (ECROYD 1985).
Gemessen an den beschriebenen Grundmustern des schriftgeprägten 'lauten'
Lesens kann es nicht verwundern, wenn beim Vorlesen "schöner" Texte - seien
es Geschichten oder Gedichte - auf besondere Weise "schöner Ausdruck" hin-
zugegeben werden soll. Vor allem Christian WINKLER (1962) hat nachgewiesen,
daß "sinnfassendes Lesen" etwas anderes ist als Inhaltslesen mit nachträglichen
Ausdruckszutaten. "Sinn" ist keine Summengröße aus 'Inhalt' + 'Ausdruck'. Wie
beim 'Verlesen' wird auch beim 'Vorlesen' am Inhalt angesetzt, also dem
schriftlich gefaßten, quasi-objektiv Gegebenen. Während beim Verlesen (von
Sachtexten) nichts weiter verlangt wird, wird beim 'Vorlesen' (von Dichtungen)
subjektivierender Ausdruck verlangt. Es hat den Anschein, als entspräche die
Schrittfolge 'Inhalt' + 'Ausdruck' einer schrift- oder literaturorientierten, letztlich
unkommunikativen didaktischen Konzeption.

Schließlich möchte ich noch kurz auf ein drittes - nach Lautung und 'höherer'
Leselehre - Gebiet des Deutschunterrichts eingehen. Mein Untersuchungsmaterial
waren BERICHTE. Wie im dritten Kapitel ausführlich begründet, wurden sie
ausgewählt, weil es in alltäglichen Sozialsituationen mündliche und schriftliche
Berichte gibt. Es hat sich bestätigt, daß es Gemeinsamkeiten der Form (Text-

form) gibt, aber auch Unterschiede. Die Unterschiede wurden beträchtlich, wenn die schriftlichen Berichte "vermündlicht", d.h. vorgelesen wurden. Ein wesentlicher Grund für diese Veränderung dürfte darin liegen, daß der aufzunehmende (oder zu entwickelnde) Hörerbezug mit der veränderten kommunikativen Absicht die kommunikative Handlung beeinflußt. Im Deutschunterricht werden dagegen die Erzählung, die Schilderung, der Bericht usw. noch immer letztlich an der schriftlichen Fassung orientiert. Oftmals gibt es zwar einen mündlichen 'input', aber was zählt, ist der schriftliche 'output'.

Schüler/innen werden z.B. motiviert, etwas zu erzählen, zu beobachten, zu berichten usw. Je nach Altersstufe werden dann die 'schönen' oder die 'passenden' oder die 'anschaulichen' Wörter an die Tafel geschrieben. Rechtzeitig vor Stundenende werden alle aufgefordert, sich die Wörter abzuschreiben. Dann erfolgt die Anweisung, daraus "fürs nächste Mal" eine Geschichte, eine Schilderung, einen Bericht zu schreiben. Die Motivation zum - es muß betont werden - mündlichen Erzählen diente dem Sammeln von 'Stichwörtern' für eine schriftliche Darstellung. Erinnert sei an die zitierte 'paradoxe Intervention': "Genauso wie ihr die Geschichte mündlich erzählen wolltet, so dürft ihr sie jetzt schreiben" (HANNIG 1974). Sprachwissenschaftlich nimmt sich das dann so aus: "Versuchen Sie, Besonderheiten schriftlich konzipierter gesprochener Sprache zu erarbeiten am Beispiel eines Unterrichtsdialogs und zweier literarischer Dialoge" (SCHANK/ SCHOENTHAL 1976). Einzelheiten mögen anders ausgeprägt sein, die methodische Schrittfolge im Unterricht ist allgemein folgende:

Phase 1
- mündliche persönliche Äußerungen im situativen Kontext
- Entpersonalisierung, Entsituierung, Dekontextualisierung der Fundstücke
- Anschrift der gewerteten Fragmente
- Abschrift der Fragmente
- isolierte (Re-) Formulierung eines schriftlichen Textes;

Phase 2
- 'stille' Durchsicht des Geschriebenen (durch L, seltener: Partnerarbeit) oder
- Vorlesen einzelner 'Werke' (oft: Kontrastbeispiel von 'schlecht' nach 'gut')
- Bewerten der schriftlichen Darstellung (meist durch L, seltener: durch Gruppe).

Es mag sein, daß in bestimmten Entwicklungsphasen das geschilderte Verfahren oder ähnliche Wege "Talking into writing" (O. RUBIN/DODD 1987) methodisch unumgänglich sind, sie aber absolut zu setzen, ist falsch. "Die Funktion der gesprochenen Sprache (besteht) neben der Tatsache, notwendiges Kommunikationsmedium zu sein, nicht darin, schriftliche Darstellungsformen vorzubereiten, sondern den Schüler zu befähigen, Sprech- und Erzählsituationen zu meistern: Wird das mündliche Erzählen einer Stilform der Schriftsprache dienstbar gemacht, so besteht die Gefahr, daß die Kriterien dieser schriftlichen Darstellungsform auch auf die mündliche Erzählung angewendet werden. Als Folge droht der Verlust der Erzählfähigkeit" (HELMIG 1972). Den von Günther HELMIG beschriebenen circulus vitiosus hat Sarah GUDSCHINSKY auf folgende Weise dargestellt (1974):

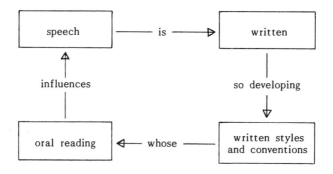

Selbst wenn nicht die nahezu ausschließlich von schriftlichen Vorlagen geprägte Nacherzählung gewählt wird, sondern Bilder, comics, Filme, Interviews, Telefonate, Reportagen, Rollenspiele als Sprechanlässe, das alles sind und bleiben unverbindliche 'Spielchen', wenn und solange die schriftliche Darstellung die einzig verbindliche und ernsthafte Zielsetzung bleibt. Die Situation ist paradox durch und durch, was dazu führt, daß beispielsweise in der gymnasialen Oberstufe selbst die mündlichen Leistungen in den Fremdsprachen aufgrund schriftlicher 'Tests' benotet werden.

Mit dem letzten Hinweis wird auf ein nahezu ungelöstes Problem gedeutet: die Benotung mündlicher Leistungen (vgl. BIRKEL 1978). Abgesehen von der 'written language bias', den die meisten Lehrenden mit anderen Schriftgebildeten teilen, fehlt den meisten Lehrenden, und insbesondere denen, die das Fach Deutsch lehren, eine hinreichende Ausbildung im Gesamtfeld der Mündlichkeit. Es fehlen ihnen damit auch nicht nur eine differenzierte Sensibilität zur hörenden Wahrnehmung von Sprechenden, sondern auch verläßliche Beurteilungskriterien für z.b. Erzähl-, Vorlese-, Spiel-, Gesprächs- und Redeformen; Beurteilungskriterien, die diese Bezeichnungen verdienen, sind allerdings erst in Ansätzen vorhanden. Die Ergebnisse der vorliegenden Untersuchung liefern neue Teilstücke des gesuchten Kriterienkatalogs für eine Form informierenden Sprechens. Sie können, so hoffe ich, kritisch aufgeschlossen Lesende anregen, mit ihrer Hilfe genauer zuzuhören und angemessener zu beurteilen. Wenn sich auf diesen Gebieten generell etwas ändern soll, dann gilt es, Kriterien zur Beurteilung von Erzähl-, Vorlese-, Spiel-, Gesprächs- und Redeleistungen zu bestimmen. Dies halte ich für ein vordringliches Forschungsziel auch und vor allem der Sprechwissenschaft.

5.3 Sprecherziehung in allen Bereichen

Die vorliegende Untersuchung bestimmt sich im Untertitel als "sprechwissenschaftliche Analyse". Das Konzept, das diesen Ansatz stützt, habe ich als "Theorie der mündlichen Kommunikation" entwickelt (GEISSNER [2]1988) und einleitend (1.3) skizziert. Die Umsetzung dieser Theorie in Praxis ist Aufgabe der "Sprecherziehung". Sie ist in meinem Verständnis die "Didaktik und Methodik der mündlichen Kommunikation" (GEISSNER [2]1986). Es wäre ebenso unmöglich wie unsinnig, das dort Dargelegte hier in Kürze zu wiederholen oder einen Abriß der fachgeschichtlichen Entwicklung in unserem Jahrhundert von Erich DRACH (1922, 1926, 1937) über Christian WINKLER (1954, 1973) in die Gegenwart zu versuchen. Selbst die von einer sprechwissenschaftlich fundierten Sprecherziehung aus möglichen Vorschläge zur Veränderung einiger der gerade bemängelten Zustände in der Schule (5.1) und im Deutschunterricht (5.2) sollen hier nicht - oder nicht erneut - dargelegt werden. Vielmehr möchte ich an dieser Stelle einige Konsequenzen bewußt machen, die sich für die Sprecherziehung selbst aus den Untersuchungen der mündlichen und schriftlichen Berichte ergeben.

Zunächst und allgemein gesagt, sollten sich Sprecherzieher und Sprecherzieherinnen in ihren besonderen pädagogischen Bemühungen von der "Kohäsionshypothese" leiten lassen, von der Einsicht in die kontinuierlichen Übergänge zwischen Mündlichem und Schriftlichem. Sie sollten sich der Tatsache bewußt sein, daß wir in einer Schriftkultur leben und nicht in einer primären Sprechkultur; d.h. zugleich in gespiegelter Interpretation sich bewußt zu werden, daß tradierte Formen primärer Oralität die Schriftlichkeit beeinflussen. Die Wechselwirkungen nicht nur zu erkennen, sondern sie in die pädagogischen und therapeutischen Prozesse einzubeziehen, scheint besonders erforderlich in einer Zeit zunehmender Sekundär-Oralität. Dem Fach bliebe manche Anfeindung, dem einzelnen Sprecherzieher, der einzelnen Sprecherzieherin manche Donquichoterie erspart, wenn diese Wechselwirkung von Mündlichem und Schriftlichem ernst genommen würde. Berücksichtigt wurde die Wechselwirkung in vorbildlicher Weise von Erich DRACH, vor allem in seinen "Grundgedanken der deutschen Satzlehre" (1937) und von Christian WINKLER in vielen Einzeluntersuchungen.

Die Erkenntnisse der 'Kohäsion' oder 'Kontinuität', die Anerkenntnis der wechselseitigen Beeinflussung von Mündlichem und Schriftlichem, bedeutet andererseits in keiner Weise, den eigenen Anspruch aufzugeben; weder in Forschung und Theorie, noch in Didaktik und Methodik. Ich halte gerade deshalb und gerade jetzt an einer eigenständigen **Sprech**wissenschaft fest, folglich auch an einer eigenständigen **Sprech**erziehung: Einer Sprechwissenschaft, die nicht in erster Linie eine Wissenschaft von der 'gesprochenen Sprache' ist, sondern vom Miteinandersprechen vergesellschafteter Menschen, einer Sprecherziehung, deren Ziel folglich nicht in der Perfektionierung sprecherischer Elementarprozesse liegen kann, sondern in der Entwicklung oder Verbesserung der Fähigkeit miteinanderzusprechen, d.h. der Gesprächsfähigkeit. Gespräch ist genuin mündlich, und darin liegt - auch im jetzigen Problematisierungsgang - der entscheidende Schritt zur Begründung der Eigenständigkeit.

Die dialogische Fundierung der Sprechwissenschaft bestimmt Ziele und Wege der Sprecherziehung in sämtlichen Bereichen. Das gilt für die aktuell dialogischen 'Formen des Gesprächs', aber auch für die nurmehr virtuell dialogischen 'Formen der Rederhetorik'. Es gilt ebenso für die 'Grundformen mündlichen Sprachgebrauchs', für Vorlesen und Erzählen, für jegliche Form interpretierenden Textsprechens. Es gilt schließlich auch für die Elementarprozesse des Sprechens und Hörens. Im Zusammenhang mit den Ergebnissen der vorliegenden Untersuchung will ich lediglich zu Teilbereichen aus den drei Gebieten ein paar Anmerkungen machen:

In 5.3.1 zu: Sprechdenken und Hörverstehen in "rhetorischer Kommunikation",

in 5.3.2 zu: Reproduzierendem, interpretierendem Sprechdenken in der "Leselehre",

in 5.3.3 zu: Prosodie: Sprech-Intonation vs. Lese-Intonation.

5.3.1 Sprechdenken und Hörverstehen in "rhetorischer Kommunikation"

Das Bewußtsein von der Verhältnismäßigkeit des Mündlichen und Schriftlichen stellt - wie eben angedeutet- Sprecherziehung vor die Aufgabe, ihre Ziele zu präzisieren, dementsprechend ihre Methoden zu überprüfen und - falls erforderlich - zu korrigieren.

Das gilt in erster Linie im Bereich "rhetorische Kommunikation", und zwar sowohl für die Gesprächsrhetorik als auch - und in dieser besonderen Hinsicht noch stärker - für die Rederhetorik.

Es geht beim 'Reden' eben in gar keiner Weise einfach um "Sprechen vor Hörern", sondern um Sprech**denken** für Hör**verstehende**. Wenn sich nun das sprechende Denken vor Hörenden anders entwickelt, weil es für das Verstehen dieser Hörenden gedacht wird, dann ergeben sich methodische Konsequenzen.

Von der Gegenseite her aufgezäumt ergibt sich die Konsequenz: Es kann nicht schreibdenkend vorbereitet werden, was für Hörverstehen gedacht ist. Die Orientierung von Gesprächsbeiträgen und Reden am Hörverstehen, verlangt konsequent sprechdenkendes Planen und Vollziehen ('Präsentieren') (vgl. GEISSNER [3]1986).

Beim Planen einer Rede, dem Durchdenken und Durchsprechen der Aussage, geleitet von bekannten oder vermuteten Erwartungen der Hörenden, werden die Gedankenkerne - zumindest der Kerngedanken - als Denkstützen in 'Stichwörtern' festgehalten. Aus diesen Denkstützen werden dann in der konkreten Kommunikationssituation für die Hörverstehenden - aktuell oder virtuell dialogisch - zusammenhängende (kohärente) Äußerungen entwickelt. Die Art der Äußerungen richtet sich folgerichtig nach dem Verstehensvermögen der Zuhörenden. Das gilt - das (in 3.1) entwickelte Verständnis von 'Information' voraussetzend - für Informationsmenge, Informationsdichte, Informationslänge, für Umfang und Dauer, vor allem für die hörverständliche Gliederung, für die schrittweise Entwicklung. Schrittfolge und Schrittlänge des entfaltenden Sprechdenkens müssen sich richten nach der Verstehens'geschwindigkeit' der Zuhörenden. Entscheidend für das Hörverstehen ist nicht die grammatikalische Korrektheit von 'Sätzen', sondern die (Hör-)Verständlichkeit der 'Äußerungen'.

Letztlich ist es nicht wichtig, ob sich das Sprechdenken in 'ganzen Sätzen' vollzieht, seien sie kurz und einfach oder lang und verzweigt, wichtig ist, daß die Äußerungen hörverständlich gegliedert sind. Das untersuchte Material ergab für die freigesprochenen Berichte eine durchschnittliche Länge von 6 Wörtern je intonatorischer Einheit, von 10,25 Wörtern je Äußerung! Methoden zum Erlernen des sprechdenkenden Entwickelns und der sprechdenkenden Gliederung eines zusammenhängenden, hörerbezogenen Gedankengangs sind nur dann zielführend, wenn sie zunächst die Angst abbauen vor dem Zwang grammatischer 'Richtigkeit', weil dies nur eine Richtigkeit nach den Normen der Schreibgrammatik ist; wenn sie sodann die Lust auf"bauen", sich ohne Gängelei durch Schreibnormen ungezwungen so zu äußern, daß die in Hörverstehenden ausgelöste Wirkung die Verständlichkeit des sprechend Gedachten bestätigt.

Dies kann mit unvollständigen Sätzen, aber vollständigen Äußerungen ebenso gelingen wie mit Äußerungen, die mit den grammatischen Regeln übereinstimmen. Der Gesichtspunkt der Übereinstimmung oder Nichtübereinstimmung mit den Normen der Schreibgrammatik wird in dem Augenblick unerheblich, in dem eingesehen ist, daß Sprechdenken für Hörverstehende etwas grundlegend anderes ist als Schreibdenken für Leseverstehende. Für das Schreibdenken behält beispielsweise im allgemeinen die Regel 'Schreibe in einem ganzen Satz' ihre Gültigkeit, für das Sprechdenken ist sie - wie dargelegt - unsinnig. Für das Sprechdenken, in dem das Antworten situativ eine andere Qualität hat, könnte es heißen: "Antworte in einer verständlichen Äußerung!" Klarer ist jedoch die Bitte oder Aufforderung: "Sag, was du meinst (willst) so, daß ich (wir) dich verstehe(n)!" In den meisten Fällen heißt das:

Sprich kurz   (sýntomos / brevis; concisa brevitas)

      klar   (saphés   / perspicue)

      angemessen (prepón   / aptum)

Wie die griechischen und lateinischen Ausdrücke zeigen, sind diese rhetorischen Maximen nicht neu; sie sind einleuchtender als ihre modischen Reformulierungen. Diese verdanken sich nicht zuletzt dem Abreißen der mündlichen rhetorischen Traditionen in Zeiten dominanter Schriftlichkeit bzw. dem wiedererwachten Interesse an Mündlichkeit.

Nach dem (in 5.1 und 5.2) Dargestellten ist nicht zu erwarten, daß sich in den Schulen etwas ändert, von den sprichwörtlichen Ausnahmen abgesehen. Das in der sozialen Lebenspraxis von vielen erfahrene Defizit verstärkt deshalb die Nachfrage nach 'rhetorischer Kommunikation' in der außerschulischen Bildung. Dort müßte sich entsprechend die Nachfrage nach qualifizierten Lehrenden verstärken.

Die erwachsenen 'Lerner' bringen zwar unterschiedliche Schulbildung mit, gemeinsam ist ihnen jedoch die früh internalisierte schriftsprachliche Orientierung.

Gerade dort und deshalb ist es nötig, den Druck dieser frühen kindlichen Indoktrination (Einlernung) behutsam und konsequent zu mindern, den meist vorhandenen Mitteilungswillen zur mündlichen Äußerung zu verstärken und die Freude über gelingende Hör-Sprech-Handlungen erlebbar zu machen und zu festigen. Wenn dabei das sprechdenkende Entwickeln nach selbst gefundenen und redetauglich angeordneten Stichwörtern im Anfang zu schwierig sein sollte, haben sich verschiedene Methoden der 'Entwicklungshilfe' bewährt: hantierendes Sprechen; Zeichnen mit synchronem Sprechen; mündliches Schildern von stehenden Bildern (Overhead oder Dia) oder von bewegten Bildabläufen (Diasequenzen, Videofilme); Sach- und/oder Erlebnisberichte; 'Livereportagen' (zu Einzelheiten vgl. GEISSNER [3]1986). Die genannten Methoden verzichten auf jede schriftliche Symbolisierung.

Eine andere Methode geht bewußt von dieser aus, je nach dem Grad der Schriftsprachlichkeit der Lernenden. Dann werden beispielsweise aus einem vorgegebenen Text gemeinsam Redundanzen gekürzt, womit die nach ihrem Denkgewicht in der jeweiligen Argumentationsstruktur wichtigen Stichwörter ausgewählt (selegiert) werden. Diese Stichwörter werden übersichtlich, redetauglich angeordnet. Anschließend wird der Gedankengang für Hörverstehende 'umgesprochen' (paraphrasiert). Dabei wird erkennbar, daß es sich um einen "Übersetzungsprozeß" handelt. Übersetzt wird schrittweise aus der eigenen Wissens-, Erfahrungs- und Erlebniswelt in die Wissens-, Erfahrungs- und Erlebniswelt der Hörverstehenden. Übersetzt wird dabei aus der vor'liegenden' schriftlichen Fassung eines Gedankengangs in die vorschreitende mündliche. Bei dieser Methode wird also bewußt von einem 'Text' ausgegangen, den Lernenden dann aber geholfen, sich Schritt um Schritt vom Text zu lösen und den Gedankengang (nach Stichwörtern) sprechdenkend für Hörverstehende zu entwickeln (ebd.).

Eine Gruppe der erwachsenen 'Lerner' möchte ich besonders hervorheben: Mitarbeitende in Hörfunk und Fernsehen. Ob bildgestützt oder nicht, die gesendeten Mitteilungen können nur hörverstanden werden. Deshalb müßten sie sprechdenkend entwickelt werden. Da nun viele der Mitarbeitenden das journalistische Handwerk in den print-Medien gelernt haben, übertragen sie das dort für die visuelle Kommunikation Gelernte und erfolgreich Praktizierte nahezu bruchlos in die audiovisuellen Medien für die auditive Kommunikation. Dieser Unsinn wird in den av-Medien oftmals durch Hierarchenwillkür noch gefordert und gefördert; z.B. durch die Vorabgenehmigung von Sendungen, d.h. im Klartext: Vor einer Sendung sind die schriftlich ausgearbeiteten Sendemanuskripte zur Genehmigung einzureichen.

Gerade in den elektronischen Medien, die einen öffentlich-rechtlichen Auftrag für die Gesamtheit der Bürger 'flächendeckend' zu erfüllen haben, müßte die Hörverständlichkeit des Gesendeten oberste Maxime sein. Hörverständlichkeit ist allerdings auf schriftlichem Wege nicht zu erreichen; von den äußerst seltenen Ausnahmen abgesehen, die imstande sind, eine hörverständliche Spreche zu schreiben. Bei aller Verschiedenheit der Gattungen - z.B. Nachrichten, Kommentar, Moderation, Feature, Reportage -, es gibt keine einzige Sendeform, die Schreibdenken nötig machte. Vorausgesetzt ist bei dieser Feststellung allerdings, daß die 'Mikrofonbenutzer/innen' lernen, (1) sich sprechdenkend präzise vorzubereiten, das kann länger dauern als die Vorbereitung einer vergleichbaren Schreibe, (2) das Gedachte dann hörverständlich - etwa nach Stichwörtern - zu entwickeln, (3) dabei sinn- und hörerbezogen zu gliedern und (4) auf den Punkt (zeit-)genau zu 'landen' (GEISSNER 1988 c).

Den Lernenden ist dabei bewußt zu machen - was selbst Fachleute gelegentlich zu übersehen scheinen (vgl. BARTSCH 1987) -, daß es sich auch wahrnehmungspsychologisch um zwei grundlegend verschiedene Prozesse handelt. Die Regeln, die von Gestaltpsychologen aus der visuellen Wahrnehmung einer optischen Simultangestalt abgeleitet wurden, gelten nicht für die auditive Wahrnehmung akustischer Sukzessivgestalten. Das hat - oder müßte haben - Konsequenzen nicht nur für die sukzessive Binnengliederung von Äußerungen, sondern für die Gesamtgliederung einer Spreche oder Rede.

5.3.2 Reproduzierendes, interpretierendes Sprechdenken in der 'Leselehre'

Die Untersuchung ergab Unterschiede bei den freigesprochenen und vorgelesenen Berichten; sie ergab darüber hinaus Unterschiede zwischen den beiden Formen des Vorgelesenen, die als 'Schreiblese' bzw. als 'Sprechlese' bezeichnet wurden.

Für die Sprecherziehung wichtig halte ich zunächst den Unterschied von zitierendem und interpretierendem Vorlesen. Die "Schreiblese", d.h. das Vorlesen eines schreibstilistisch geformten vorliegenden - sogar selbstverfaßten - Textes begünstigt das zitierende Vorlesen, besonders dann, wenn Hörerbezug nicht ausdrücklich aufgenommen wird. "Sprechlese" dagegen - im Falle meines Experimentes durch Herstellen eines Transkripts des freigesprochenen Berichts ermöglicht - kann interpretierendes Vorlesen fördern. In beiden Fällen handelt es sich um den Vorgang des Übersetzens aus dem Schriftlichen ins Mündliche, dem Sichtbaren ins Hörbare; im Falle der Sprechlese um den Vorgang einer Rückübersetzung des verschriftlichten Mündlichen ins Hörbare.

Vorlesende können zwischen interpretierendem und zitierendem Sprechdenken wählen. Allerdings kann bezweifelt werden, ob dies so willkürlich geschehen kann wie BRAZIL meint, der vom Leser sagt: "He can either enter into the text, interpret it and 'perform' it as he himself were speaking to the listener, saying as it were, 'this is what the text means'; or he can stand outside the text and simply act as medium saying, 'this is what the text says'" (BRAZIL et al. 1980). Es müßte geklärt werden, ob "Interpretieren" oder "Zitieren" lediglich aus der Willkürentscheidung des Vorlesenden stammt, oder ob es Kriterien für die Wahlentscheidung gibt, die im Stil des Textes, den Erwartungen der Hörverstehenden liegen und im Kontext der jeweiligen Kommunikationssituation. "When subjects are asked to read a text aloud, a co-text gradually develops which does impose constraints on interpretation. (...) A reader-aloud first has to assign an interpretation to the text and then utter it in a way consistent with his interpretation" (BROWN et al. 1980). Abgesehen von der zeitlichen Stufung der Interpretation "first ... and then", denn zumindest stilsichere Vorlesende können im Akt des Vorlesens zugleich ihre Interpretation erzeugen und äußern, stimmt die von BROWN geäußerte Meinung mit sprechwissenschaftlich fundierten sprecherzieherischen Ansichten überein (vgl. GEISSNER [2]1986, OCKEL 1987).

Nur in wenigen kommunikativen Handlungen läßt sich Vorlesen tatsächlich ohne 'Substanzverlust' auf Zitieren verkürzen. Allerdings droht dann die Verkürzung auf den defizienten Modus des 'Verlesens'. Im allgemeinen bleibt Vorlesen als "rhetorischer Akt" (ECROYD 1985) interpretierendes Sprechdenken. Diese letzte Feststellung läßt sich auch umkehren: ... bleibt es als interpretierendes Sprechdenken ein "rhetorischer Akt".

Sprecherziehung, die diesen Gedanken mitvollzieht, kann "Leselehre" nicht länger am 'Vorlesen literarischer Texte' orientieren, kann nicht länger Vorleseleistungen am 'sprechkünstlerischen' Vorlesen von Dichtung 'messen'. Das hörverständliche, situationsangemessene, interpretierende Vorlesen verlangt beispielsweise in der "Lektorenausbildung", d.h. der Ausbildung von Vorlesern für gottesdienstliche Handlungen, andere Kriterien als für das Vorlesen von Gesetzestexten und Urteilsbegründungen, wieder andere für das Vorlesen überlieferter Ergebnisse und den wissenschaftlichen Meinungsstreit.

Eine Sprecherziehung, die alle diese gesellschaftlich notwendigen Vorleseleistungen von teilweise hoher ethischer Verbindlichkeit auf die 'leichte Schulter' nähme, könnte leicht auch in ihrem künstlerischen Anspruch für unglaubwürdig gehalten werden. Eine Sprecherziehung, die umgekehrt diese gesellschaftlich verbindlichen Leistungen interpretierenden Sprechdenkens ernst nähme, könnte bewirken, daß auch die 'sprechkünstlerischen Vorleseleistungen' weniger künstlich würden als sie es derzeit oft noch sind.

Eine besondere Bedeutung kommt auch hier beim Vorlesen wieder den medienvermittelten Formen interpretierenden Sprechdenkens zu. Solange der Anteil produzierenden Sprechdenkens in Funk und Fernsehen minimal ist, solange also - aus den geschilderten Ursachen (vgl. 5.3.1) - Getextetes häufig verlesen (Scheinideal der Objektivität) oder vorgelesen wird, solange ist für Mediensprecher und -sprecherinnen eine sachadäquate Leselehre unerläßlich. Wie nötig es in Funk und Fernsehen ist, ist seit langem hörbar. Im Fernsehen ist es in jüngster Zeit zudem auch noch sichtbar; denn die meisten bekommen den 'starren Blick' und ihre Leseweise wird noch stereotyper. Sie können mit dem 'tele-prompter', dem stummen 'Textbildwerfer', nicht umgehen, von dem sie ihre Texte ablesen. Das ist eine Folge sowohl des 'funkischen' Vorlesestils im allgemeinen, der schriftsprachlichen und schriftlichen Textung im besonderen, und deshalb auch kaum anders zu erwarten (vgl. GEISSNER 1975, PAWLOWSKI 1987, SPANG 1988). Wenn das Verlesene aus der funkischen 'Masche' - schnell, fehlerlos, sonor - erlöst werden und hörverständlich werden soll, dann wäre freies Sprechdenken der angemessene Weg; "ersatzweise" jedoch, d.h. solange diese richtige Lösung nicht verwirklicht werden kann, könnte ein durch sprechnähere Formulierungen ermöglichter, auditiv erfaßbarer Vorlesestil helfen.

5.3.3 Prosodie; Sprech-Intonation vs. Lese-Intonation

Die letzten Bemerkungen leiteten bereits über in das Gebiet der 'prosodic features'. Aus der Prosodie, dem Gesamtgebiet der sprecherischen Ausdrucksmerkmale, erwiesen sich in der Untersuchung vor allem intonatorische Merkmale als unterscheidend. Deshalb halte ich es für erforderlich, auch in Sprechwissenschaft und Sprecherziehung, künftig stärker zwischen Sprech- und Lese-Intonation zu unterscheiden. Obwohl in der internationalen Forschung dieser Unterschied schon seit längerem (PALKOVA 1971, QUIRK et al. 1972) gemacht wird, hat ihn die deutsche Sprecherziehung - soweit ich sehe - kaum zur Kenntnis genommen.

Es könnte sein, daß die Umsetzung satzphonetischer Untersuchungsergebnisse im 'fremdsprachlichen' (v. ESSEN [3]1969) und 'muttersprachlichen' (WINKLER [3]1962) Unterricht nur die Lese-Intonation berücksichtigt hat, weil sie aus der Untersuchung von Lese-Intonationen gewonnen worden war. Dabei ist nicht zu übersehen, daß die Lese-Intonation mit Hilfe einer spezifischen Notation oft normativ verwendet wurde. Mit der Untersuchung von Sprech-Intonation (WINKLER seit 1970, vor allem 1979, und ROYE 1983) hat sich die Lage geändert. Die Notation wird nicht mehr präskriptiv verwendet, sondern - wie auch in der vorliegenden Analyse (vgl. 4.4.2) - deskriptiv (vgl. GEISSNER [2]1986).

Die Folgerungen für die sprecherzieherischen Methoden zum 'Freisprechen' und 'Vorlesen' scheinen dagegen noch nicht mit gleicher Konsequenz gezogen, wenngleich für den Sprecherzieher feststeht, daß die Lehre sowie "die Erforschung des Intonatorischen nicht an isolierten Sätzen durchgeführt werden kann" (STOCK 1980).

Die Wahrnehmung der intonatorischen Gestalten und der sie bildenden Faktoren kann sich nicht am Einzel'satz' entwickeln, sondern immer nur im 'satz'übergreifenden Zusammenwirken der einzelnen Äußerungen (transphrastische Kohäsion). "In der Wahrnehmung erscheint die Intonation als eine besondere Klangstruktur, die aus Tonhöhe, Lautheit und Dauer besteht und zeitlich durch Pausen und Akzente gegliedert wird" (STOCK 1980). Es sind folglich melodische und zeitgliedernde (rhythmische) Formen zu unterscheiden und ihr Zusammenwirken in der Komplexgestalt von Intonationsmustern zu lehren. Dabei sind jedoch, über STOCKs Untersuchungsergebnisse hinausgehend, nicht nur grammatische und expressive Funktionen der Intonation zu unterscheiden, sondern Formen und Funktionen von Sprech-Intonation und Lese-Intonation.

Die häufiger vertretene Meinung, daß die Lese-Intonation eher der grammatischen, genauer, der 'syntaktischen Normalintonation', entspreche (vgl. z.B. ESSER 1987), ist kaum haltbar. Ohnedies wäre zu fragen, ob es die unmittelbare Beziehung zwischen Grammatik und Intonation gibt, über die weltweit geschrieben wird (z.B. BIERWISCH 1966, HALLIDAY 1967, CHRYSTAL 1969, MARTIN 1980, PHEBY [2]1980, SELKIRK 1980, TORSOUEVA-LEONTIEVA 1980), oder ob es sich nur um eine "sogenannte grammatische Funktion der Intonation" handelt (CRUTTENDEN 1970). Sprecherziehung ist allerdings nicht fähig, derartige wissenschaftliche

Streitfragen zu entscheiden; sie kann jedoch im pädagogischen Prozeß beobachten, ob sich intonatorische Unterschiede beim Sprechen und Vorlesen bemerkbar machen, auf welche Weise dies geschieht, und was dies für die grammatikalische oder expressive Funktion der Intonation bedeutet. Genaues Hinhören ist auch hier eine verläßlichere Voraussetzung für eine kommunikativ angemessene Sprecherziehung als die Vereinheitlichung unter Normen.

Dies gilt generell, vor allem aber auch hier wieder für die sprecherzieherische Arbeit mit Sprecherinnen und Sprechern vor Mikrofon und Kamera. Die Differenzierung der sprecherischen Ausdrucksmittel zur Steigerung der Variabilität des Sprechausdrucks als Voraussetzung der Plastizität des Höreindrucks ist eine Bedingung dafür, daß 'Funkstimmen' sich wieder verlebendigen. Mögen sie stereotypisiert sein im allgemein 'Funkischen' oder kanalspezifisch uniformiert (channel identity). Nur mit derartiger Variabilität können Hörende wieder den Eindruck gewinnen, es sprechen Menschen zu ihnen und keine Maschinen, es sprechen Menschen und nicht "es spricht das Radio". Allerdings geht es genau genommen darum, daß die Mikrofonmächtigen nicht nur sich selbst als sprechende Menschen zeigen, sondern daß sie "ihre Hörerinnen und Hörer" ansprechen und dies nicht nur in der gerade zitierten oder einer ähnlichen Anredefloskel. Auch in den schein-monologischen Formen medienvermittelter Kommunikation vermittelt und verdeutlicht situationsangemessene, text(sorten)geprägte, hörerbezogene Variabilität des Sprechausdrucks die grundlegend dialogische Absicht.

6. FRAGEN AM ENDE - AUCH DER SCHRIFTKULTUR?

Jedem Leser, jeder Leserin bleiben Fragen, gewiß auch solche, die ich mit dieser Untersuchung beantwortet zu haben glaube. Mir selbst bleiben auch nach Abschluß der Arbeit genügend Fragen für weitere sprechwissenschaftliche Untersuchungen. Wie lassen sich vergleichbare Sprech- und Lese'proben' von ganz verschiedenen gesellschaftlichen Gruppen gewinnen? Welche Bedeutung haben soziografische Faktoren wie Wohnort, Schulbildung, Beruf, Alter, Geschlecht für das Verhältnis 'mündlich : schriftlich'? Welche Rolle spielen sie in der Entwicklung der Gesprächsfähigkeit? Wie wirken sich dabei die unterschiedlichen Sprach- und Sprechstufen aus, Dialekte als Sozio- oder Regiolekte? Wie weit ist Standardsprache in Standardlautung eine Kommunikationsbarriere? Wie prägen frühkindlich einsozialisierte Hörmuster die eigenen Sprechmuster (oder Vorlesemuster)? Wie weit verändern sich diese Muster unter dem Enfluß vor allem der Medien? Welche Konsequenzen hat all das in der gesellschaftlichen Praxis, welche Konsequenzen müßte es haben auch für die Sprecherziehung in Schule, außerschulischer Bildung und in den Medien?

Durch diese und ähnliche Fragen zieht sich die Grundfrage: Was ist, wenn sich die Trennung von 'orality' und 'literacy', von Mündlichkeit und Schriftlichkeit, als Mythos herausstellt (TANNEN 1982), den eine literate Elite am Leben hält? "Of course it is true that well-educated people generally form a speech-community that is distinct from the speech-community of the less-educated" (FARRELL 1978), ein Unterschied, der festgemacht wird an verschiedenen Fähigkeiten in 'talking' und 'writing' (vgl. 4.4.4), besonders an der Verschiedenheit im Wortschatz und der stilistischen Qualität von Darstellungen.

Welche Folgen hat die Entmythologisierung? Stimmt der Kassandraruf der Schrifteliten: "Literacy is dying, and as a result, civilization as we know it is doomed. Only with the preservation of literacy can we hope to preserve culture and civilization" (LAKOFF 1982). In einer aufregenden Studie geht Tolmin LAKOFF dieser Behauptung nach. Sie glaubt nachweisen zu können, daß in 'unserer' Gesellschaft - der nordamerikanischen - die Vorstellung darüber, was ideale menschliche Kommunikation sei, derzeit wechsle von einem in Literatur gegründeten Modell zu einem, das gegründet sei in der Mündlichkeit von Gesprächen. Das Vorurteil, der bias, vom Vorrang des Geschriebenen führe zu unhaltbaren Dichotomien: spontan vs. nichtspontan, kontextbezogen vs. kontextfrei, gemütvoll vs. gedankenklar usw. Unhaltbar seien diese Dichotomien, weil sowohl Diskurse -

Gespräche wie Reden - 'geplant' werden können, wie umgekehrt Geschriebenes ungeplant zu Papier gebracht werde; ritualisiertes Sprechen könne kontextfrei sein, Geschriebenes auf der anderen Seite in entsprechenden Situationen oder in neueren Erzählungen unmittelbar situiert; formelles Sprechen könne weit weniger herzlich sein als manche schriftliche Darstellung, etwa in Brief oder Gedicht. Nur, solange Schriftlichkeit der Primat zugesprochen wird, gilt Schriftliches als höherwertig.

Diese Wertung ändert sich, wenn der Primat auf Mündlichkeit wechselt. "... a society must decide whether the ideal is that of writing or that of talking" (LAKOFF 1982). Die Autorin stellt fest, unsere Kultur hat längst entschieden, nur vermeiden 'wir', uns diesen Wechsel zur Mündlichkeit einzugestehen und die notwendigen Folgerungen zu ziehen. Warum glauben wir nach wie vor, "that all children must be taught to read and write", obwohl "the relation between literacy and high culture" in keiner Hinsicht so klar sei wie immer behauptet werde? Sind etwa orale Kulturen keine Hochkulturen? "Thus, if we look at what literacy has achieved for humanity in the past ... we may well find that there are now other means at our disposal to achieve the same benefits, perhaps with fewer unfortunate side-effects, and that, in fact, the new mode that is gaining strength at the expense of literacy will enable us to communicate more beauti-fully and forcefully with one another than can be envisioned now" (ibd.).

LAKOFF folgert und fordert schließlich eine "new nonliteracy", die sie wie folgt begründet: "Schreib-Lese-Bildung ist - kurz gesagt - nicht länger nötig zum einfachen Überleben, auch sonst gibt es keinerlei Notwendigkeit sie zu bewahren, höchstens als eine Kuriosität, ein atavistisches Können, so etwa wie das Herstellen von abgesteppten Decken nur noch von einigen wenigen gelernt und voll Stolz praktiziert wird." ("Literacy shortly will not be essential for simple survival any more, nor will there be any need to preserve it except as a curiosity or an atavistic skill, like quiltmaking, learned and proudly practiced by a few." - LAKOFF 1982)

Ist dies nur ein nordamerikanisches Schreckgespenst? Mag auch der TV-Gebrauch in EUROPA noch geringer sein als in den USA, im 'global village' (McLUHAN 1964) leben auch wir. Auch unsere Datenbanken sind ans Weltnetz angeschlossen. Die "Schriftkultur" der technischen Spezialisten und der Dienstleistungseliten entsteht im Schreiben von Computerprogrammen, im Herstellen von Software, Katalogen, Listen, die "Lesekultur" im Entziffern von kommerziellen, technischen und militärischen Manualen und Checklisten. Doch selbst dort wird das Schreibenkönnen demnächst überflüssig, wenn der 'input' in "natürlicher Sprache" erfolgt, d.h. normal sprechend (weil die technische Entwicklung dann allgemein den Standard erreicht hat, den sie jetzt erst in Modellversuchen besitzt); dann kann Computertechnik real Gesprochenes mit allen 'prosodic features' digitalisieren und im output wieder synthetisieren.

Stehen wir tatsächlich wieder in einem tiefgreifenden kulturellen Wandel? Der Wandel von primärer Oralität zur Literarität war vor etwa 2 700 Jahren für viele Griechen ein schmerzlicher Einschnitt. Im Mittelalter wirkte der Wandel vom Gehorsam der 'lectio' zur Freiheit der 'disputatio' (BOURDIEU 1974) selbst auf die geistliche Schriftelite verunsichernd. Soll sich heute die "sekundäre Oralität" (ONG 1982) 'naturwüchsig' entwickeln, oder muß sie systematisch entwickelt werden? Zu welchem Zeitpunkt und in welchem Ausmaß muß dann sekundäre Oralität in Schule und Unterricht primäres Lernfeld werden? Wann also muß sie dort den Primat des Schriftlichen ablösen? Wirkt nicht, wer hier zögert, an der Entmündigung der Unmündigen mit? Wer verantwortet dann die vorhersehbaren gesellschaftlichen und politischen Folgen?

Einfacher als die Beantwortung dieser und ähnlicher Fragen, die sich aus der Problematisierung des Verhältnisses 'mündlich : schriftlich' unausweichlich ergeben, ist dagegen die Feststellung:

Wenn und solange die Kultusbürokratie am 'schriftlichen' Selektionsprinzip festhält,

- solange werden künftig Lehrende den Bereich mündliche Kommunikation nicht seiner gesellschaftlichen Bedeutung gemäß studieren können,
- solange wird mündliche Kommunikation in den Schulen unseres Landes weiterhin ein Paria-Dasein fristen,
- solange werden die Lernenden - in ihrer Mehrzahl - weder 'literate', d.h. befähigt, sich schriftlich frei auszudrücken oder Literatur zu verstehen, noch 'oral', d.h. befähigt, sich in ihren alltäglichen Sozialsituationen zu verständigen und das sie überflutende Medienangebot zu verstehen.

Welches Ziel mag hinter dieser Haltung und dieser Methode stecken?

185

7. LITERATURVERZEICHNIS

AMMANN, H. (1925) Die menschliche Rede. 2 Bde. Lahr (Nachdruck 1962).
AMMON, U. (2. Aufl. 1973) Dialekt, soziale Ungleichheit und Schule. Weinheim.
---- (1978) Schulschwierigkeiten von Dialektsprechern. Weinheim.
---- (1987) Zu dem Begriff 'standardsprachliche Sprachzeichen', 'Standardvarietät' und 'Standardsprache'. In: ZPSK 40, 305-316.
AMMON/SIMON (1975) Neue Aspekte der Soziolinguistik. Weinheim.
AMMON/KNOOP/RADTKE (Hg.) (1978) Grundlagen einer dialektorientierten Sprachdidaktik. Weinheim.
ANTOS, G. (1982) Grundlagen einer Theorie des Formulierens. Tübingen.
APEL, K.-O. (1973) Transformation der Philosophie. 2 Bde. Frankfurt.
APPEL/DECHERT/RAUPACH (1980) A Selected Bibliography on Temporal Variables in Speech. Tübingen.
ARNOLD, C. C. (1965) Reader or Listener? In: Communication Quarterly XIII, 5-7.
---- (1968) Oral Rhetoric, Rhetoric, and Literature. In: Philosophy and Rhetoric V, 191-210.
BAEYENS, M. (1979) Een transkriptiesysteem voor gesproken taal. In: Gamma 3, 49-56.
BALLMER, T. (1980) The Role of Pauses and Suprasegmentals in a Grammar. In: DECHERT/RAUPACH (eds.) Temporal Variables in Speech. The Hague, 211-220.
BALOGH, J. (1926) 'Voces Paginarum'. Beiträge zur Geschichte des lauten Lesens und Schreibens. In: Philologus 82, 84-109, 202-240.
BARRY, J. W (1981) Prosodic Function Revisited Again. In: Phonetica 38, 320-340.
BARTSCH, E. (1987) Sprechsprachliche Gestaltungshilfen in einem Kurs 'Rhetorik im Umgang mit Rundfunk, Presse und Fernsehen'. In: GEISSNER/RÖSENER (Hg.) Medienkommunikation (SuS 18). Frankfurt, 173-184.
BASSO, K. H. (1974) The Ethnography of Writing. In: BAUMAN/SHERZER (eds.) Explorations in the Ethnography of Speaking. Cambridge, 425-432.
BATEMAN/FRANDSEN/DEDMON (1965) Dimensions of 'Lecture Comprehension'. A Factor Analysis of Listening Test Items. In: Psychological Abstracts 39, 183-189.
BAUMAN/SHERZER (eds.) (1974) Explorations in the Ethnography of Speaking. Cambridge.
BAUSCH, K.-H. (1971) Vorschlag zu einer Typik der gesprochenen Sprache. In: Forschung zur gesprochenen Sprache und Möglichkeiten einer Didaktisierung. München, 9-39.
---- (2. Aufl. 1975) Vorschlag zu einer Typik der Kommunikationssituationen in der gesprochenen deutschen Standardsprache. In: Gesprochene Sprache. Tübingen, 76-110.
BAUSINGER, H. (1967) Bemerkungen zu den Formen gesprochener Sprache. In: Satz und Wort im heutigen Deutsch. Düsseldorf, 292-312.
BEAMAN, K. (1984) Coordination und Subordination Revisited: Syntactic Complexity in Spoken and Written Narrative Discourse. In: TANNEN (ed.) Coherence in Spoken and Written Discourse. Norwood, 45-80.
BEHAGEL, O. (1927) Geschriebenes Deutsch und gesprochenes Deutsch. In: Ders.: Von deutscher Sprache (1899). Lahr, 11-34.
BENNETT/CLINIC (1977) An Extended View of Verb Voice in Written and Spoken Personal Narrative. In: KEENAN/BENNETT (eds.) Discourse Across Time and Space. L.A., 43-49.

BERNSTEIN, B. (1971) Soziale Struktur, Sozialisation und Sprachverhalten. Amsterdam.

BESCH/LÖFFLER/REICH (Hg.) (1976 ff.) Dialekt : Hochsprache - Kontrastiv. Sprachhefte für den Deutschunterricht. Düsseldorf.

BETTEN, A. (1977) Erforschung gesprochener deutscher Standardsprache. In: Deutsche Sprache. Teil I, 1977, 335-361; Teil II, 1978, 21-44.

BIERWISCH, M. (1966) Regeln für die Intonation deutscher Sätze. In: Studia Grammatica, 99-201.

BIRKEL, P. (1978) Mündliche Prüfungen. Bochum.

BISENIEKS, V. (1972) Deutsche Satzintonation. Riga.

BLANKENSHIP, J. (1962) A Linguistic Analysis of Oral and Written Style. In: QJS 48, 419-422.

BLOOMFIELD, L. (1926) Literate and Illiterate Speech. In: American Speech 2, 433-439.

BOLINGER, D. (ed.) (1972) Intonation. Harmondsworth.

BORCHERS, G. (1936) An Approach to the Problem of Oral Style. In: QJS 22, 114-117.

BOURDIEU, P. (1974) Zur Soziologie der symbolisierten Formen. Frankfurt.

BOVES, L. (1984) The Phonetic Basis of Perceptual Ratings of Running Speech. Dordrecht.

BOWERS/BRADAC (1984) Contemporary Problems in Human Communication Theory. In: ARNOLD/BOWERS (eds.) Handbook of Rhetorical and Communication Theory. Boston, 871-893.

BRADAC/DAVIES/KONSKY (1978) Studies on the Effect of Linguistic Diversity upon Judgements of Speakers Attributes and Message Effectiveness. In: Speech Education. Stuttgart, 9-19.

BRADLEY/FORSTER (1987) A Reader's View of Listening. In: FRAUENFElDER/KOMISAREVSKY TYLER (eds.) Spoken Word Recognition. Cambridge, Mass., 103-134.

BRANDT, W. (1984) Sprechgeschwindigkeit in Fußballreportagen des Hörfunks. In: BERGER, L. (Hg.) Sprechausdruck (SuS 13). Frankfurt, 97-110.

BRAUN, P. (1974) Mündliche und schriftliche Kommunikation. In: Wirkendes Wort 24, 161-177.

BRAZIL, D. et al. (1980) Discourse Intonation and Language Teaching. London.

---- (1984) The Intonation of Sentences Read Aloud. In: GIBBON/RICHTER (eds.) Intonation, Accent, and Rhythm. Berlin, 46-66.

BRIGHT, W. (1982) Literature: Written and Oral. In: TANNEN (ed.) Analyzing Discourse: Text and Talk. Washington, D.C., 271-283.

BRINKMANN, H. (1965) Die Konstituierung der Rede. In: Wirkendes Wort 15, 157-172.

---- (1966) Der Satz und die Rede. In: Wirkendes Wort 16, 376-390.

---- (1967) Die Syntax der Rede. In: Sprache der Gegenwart 1, 74-94.

---- (1974) Reduktion in gesprochener und geschriebener Sprache. In: Gesprochene Sprache. Düsseldorf, 144-162.

BRONS-ALBERT, R. (1984) Gesprochenes Standarddeutsch. Telefondialoge. Tübingen.

BROWN, G. et al. (1980) Questions of Intonation. London.

BRUBACKER, R. S. (1972) Rate and Pause Characteristics of Oral Reading. In: Journal of Psycholinguistic Research 1, 141-147.

BUDDE, A. (1972) Zur Syntax geschriebener und gesprochener Sprache von Grundschülern. Tübingen.

BÜHLER, K. (1934) Sprachtheorie. Jena.

BURNSHAW, S. (1958) Speaking versus Writing. In: Communication Quarterly VI, 16-19.

BUSHNELL, P. P. (1930) An Analytical Contrast of Oral and Written English. New York.

BUTCHER, A. (1980) Pause and Syntactic Structure. In: DECHERT/RAUPACH (eds.) Temporal Variables in Speech. The Hague, 85-90.

CASCIO/VET (eds.) (1986) Temporal Structures in Sentence and Discourse. Dordrecht.

CATON, H. (1969) Speech and Writing as Artefacts. In: Philosophy and Rhetoric II, 19-36.

CHAFE, W. (1980) The Deployment of Consciousness in the Production of a Narrative. In: CHAFE (ed.) The Pear Stories: Cognitive, Cultural, and Linguistic Aspects of Narrative Production. Norwood.

---- (1982) Integration and Involvement in Speaking, Writing, and Oral Literature. In: TANNEN (ed.) Spoken and Written Language. Exploring Orality and Literacy. Norwood, 35-53.

CHRYSTAL, D. (1969) Prosodic Systems and Intonation in English. Cambridge.

---- (1974) Paralinguistics. In: SEBEOK (ed.) Current Trends in Linguistics. The Hague. Vol. 12, 265-295.

COHEN/NOOTEBOOM (eds.) (1975) Structure and Process in Speech Perception. Berlin.

CONQUERGOOD, D. (1983) Vocal Communication as Performance. Contextual Issues in Orality and Literacy. In: BERGER, L. (Hg.) Sprechausdruck (SuS 13), Frankfurt, 175-181.

COOK-GUMPERZ/GUMPERZ (1981) From Oral to Written Culture. The Transition to Literacy. In: WHITEMAN (ed.) Variation in Writing: Functional and Linguistic Cultural Differences. Bd. 2. Hillsdale, 89-109.

COULMAS, F. (1981) Über Schrift. Frankfurt.

---- (Hg.) (1983) Linguistic Problems of Literacy. In: Journal of Pragmatics 7, 467-606.

---- (1985) Reden ist Silber, Schreiben ist Gold. In: lili 59, 94-112.

COULMAS/EHLICH (Hg.) (1983) Writing in Focus. Berlin.

COULTHARD/BRAZIL (1982) The Place of Intonation in Description of Interaction. In: TANNEN (ed.) Analyzing Discourse: Text and Talk. Washington, 94-112.

CRONKHITE, G. (1984) Perception and Meaning. In: ARNOLD/BOWERS (eds.) Handbook of Rhetorical and Communication Theory. Boston, 51-229.

CRUTTENDEN, A. (1970) On the So-Called Grammatical Function of Intonation. In: Phonetica 21, 182-192.

DANILOFF, R. G. (ed.) (1984) Articulation Assessment and Treatment Issues. San Diego.

DECHERT/RAUPACH (eds.) (1980) Temporal Variables in Speech. The Hague.

DEESE, J. (1980) Pauses, Prosody, and the Demands of Production in Language. In: DECHERT/RAUPACH (eds.) Temporal Variables in Speech. The Hague, 69-84.

DELATTRE, P. (1972) The Distinctive Function of Intonation. In: BOLINGER (ed.) Intonation. Harmondsworth, 159-174.

DEUTRICH, K.-H. (1971) Überlegungen zur Sprechsituation und zum Kommunikationsrahmen. In: Forschungen zur gesprochenen Sprache. München, 40-70.

---- (2. Aufl. 1975) Redekonstellation und Sprechsituation. In: Gesprochene Sprache. Tübingen, 111-192.

DE VITO, J. A. (1965) Comprehension Factors in Oral and Written Discourse of Skilled Communicators. In: SM 32, 124-128.

---- (1966) Psychogrammatical Factors in Oral and Written Discourse by Skilled Communicators. In: SM 33, 73-76.

DE VITO, J. A. (1966) The Encoding of Speech and Writing. In: ST, 55-60.
---- (1967) Levels of Abstraction in Spoken and Written Discourse by Skilled Communicators. In: JC 17, 354-361.
---- (1967) A Linguistic Analysis of Spoken and Written Language. In: Central States Speech Journal XVIII, 81-85.
DI CHRISTO, A. (1975) Soixante et dix ans de recherches en prosodie. Aix en Provence.
---- (1985) De la microprosodie à l'intonosyntaxe. 2 Vol. Aix en Provence.
DITTMANN, J. (1982) Konversationsanalyse - Eine sympathische Form des Selbstbetrugs? Trier.
DRACH, E. (1922) Sprecherziehung. Die Pflege des gesprochenen Wortes in der Schule. Frankfurt.
---- (1926) Die redenden Künste. Leipzig.
---- (4. Aufl. 1963) Grundgedanken der deutschen Satzlehre (1937). Darmstadt.
DRIEMANN, G. H. J. (1962) Differences between Written and Spoken Language. In: Acta Psychologica 20, 36-57, 78-100.
DROMMEL, R. (1974) Die Sprechpause als Grenzsignal im Text. Göppingen.
---- (1974) Probleme, Methoden und Ergebnisse der Pausenforschung. Köln.
---- (1980) Towards a Subcategorization of Speech Pauses. In: DECHERT/RAUPACH (eds.) Temporal Variables in Speech. The Hague, 227-238.
DUEZ, D. (1982) Silent and Non-Silent Pauses in Three Speech Styles. In: Language and Speech 25, 11-28.
DUFF, M. (1973) Contrastive Features of Written and Oral Texts in Annuesta. In: Notes on Translation 50, 2-13.
DUKER, S. (2. Aufl. 1968) Listening Bibliography. Metuchen, NJ.
DURRELL, D. D. (1969) Listening Comprehension versus Reading Comprehension. In: Journal of Reading 12, 455-460.
ECROYD/DRUMMOND ECROYD (1985) Reading Aloud is a Rhetorical Act. In: SCHWEINSBERG-REICHART (Hgn.) Performanz (SuS 15). Frankfurt, 51-63.
EGGERS, H. (1955) Stimmführung und Satzplan. In: Wirkendes Wort 6, 129-138.
---- (1962) Zur Syntax der deutschen Sprache der Gegenwart. In: studium generale 15, 49-59.
EHLICH, K. (1980) Funktionale Äquivalenzen zur Intonation. In: LB 68, 49-66.
---- (1981) Text, Mündlichkeit, Schriftlichkeit. In: GÜNTHER (Hg.) Geschriebene Sprache - Funktion, Gebrauch, Struktur und Geschichte. München, 23-51.
EHLICH/REHBEIN (1976) Halbinterpretative Arbeitstranskriptionen (HIAT). In: LB 45, 21-41.
---- (1979) Erweiterte halbinterpretative Arbeitstranskriptionen (HIAT 2). Intonation. In: LB 59, 51-75.
EHLICH/SWITALLA (1976) Transkriptionssysteme - Eine exemplarische Übersicht. In: studium linguistik 2, 78-105.
EHLICH/RAMGE/SWITALLA (1977) Transkriptionen gesprochener Sprache: Dokumentation (TGSD). In: studium linguistik 3, 116-117.
EINHORN, L. (1978) Oral and Written Style: An Examination of Differences. In: Southern Speech Communication Journal XLIII, 302-311.
EISENSTEIN, E. L. (1968) Some Conjectures about the Impact of Printing on Western Society and Thought: A Preliminary Report. In: Journal of Modern History 40, 1-57.
ELEFKI/WACHA (1976) Textliche und intonatorische Faktoren der Sprechwirkung. In: STOCK/SUTTNER (Hg.) Sprechwirkung. Halle, 67-74.
ELMAUER/MÜLLER (1974) Belegung der Freiburger Forschungshypothese über die Beziehung zwischen Redekonstellation und Textsorte. In: Gesprochene Sprache (Sprache der Gegenwart, Bd. 26). Düsseldorf, 98-120.

189

ELMAUER, U. (2. Aufl. 1975) Abhängige Hauptsätze in gesprochenen und verschriftlichten Texten. In: ENGEL/VOGEL (Hg.) Gesprochene Sprache. Tübingen, 193-217.
ENGEL/VOGEL (Hg.) (2. Aufl. 1975) Gesprochene Sprache. Bericht der Forschungsstelle Freiburg. Tübingen.
ESSEN, O. v. (3. Aufl. 1969) Grundzüge der hochdeutschen Satzintonation (1956). Ratingen.
---- et al. (2. Aufl. 1972). Sprechmelodie als Ausdrucksgestaltung. Hamburg.
ESSER, J. (1987) Zur Theorie der Leseintonation in der anglistischen Intonationsforschung. In: LB 110, 319-331.
FÄHRMANN, R. (1960) Die Deutung des Sprechausdrucks. Bonn.
FAFNER, J. (1984) Rede und Schrift unter rhetorischem Blickwinkel. In: BERGER (Hg.) Sprechausdruck (SuS 13). Frankfurt, 27-41.
FARNSWORTH, R. (1976) Developing a 'Plain Language' Style. In: READ 11, 71-73.
FARRELL, T. J. (1978) Differenciating Writing from Talking. In: College Composition and Communication 28, 346-350.
FELDBUSCH, E. et al. (1973) Sprechen und soziale Schicht. Ein neues Verfahren zur schichtspezifischen Analyse geschriebener und gesprochener Sprache. Frankfurt.
FILLMORE, C. J. (1982) Ideal Readers and Real Readers: In: TANNEN (ed.) Analyzing Discourse: Text and Talk. Washington, 248-270.
FINE, E. C. (1984) The Folklore Text. From Performance to Print. Bloomington.
FLESCH, R. (1951) How to Test Readability. New York.
FONAGY, I. (1980) Fonction prédictive de l'intonation. In: LEON/ROSSI (eds.) Problèmes de Prosodie II. Ottawa, 113-120.
FOX, A. (1984) Subordinating and Co-Ordinating Intonation Structures in the articulation of discourse. In: GIBBON/RICHTER (eds.) Intonation, Accent, and Rhythm. Berlin, 120-133.
FRAISSE/BREYTON (1969) Comparaison entre les langages oral et écrit. In: L'année psychologique 1, 61-71.
FRANCK, D. (1980) Grammatik und Konversation. Königstein.
FRANK, L. (1983) Characteristic Features of Oral and Written Modes of Language. Annotated Bibliography. In: Notes on Linguistic 25, 34-36.
FRANK-BÖHRINGER, B. (1963) Rhetorische Kommunikation. Quickborn.
FRANDSEN/CLEMENT (1984) The Function of Human Communication in Informing: Communicating and Processing Information. In: ARNOLD/BOWERS (eds.) Handbook of Rhetorical and Communication Theory. Boston, 338-399.
FRAUENFELDER/KOMISARJEVSKY TYLER (eds.) Spoken Word Recognition. Cambridge, Mass.
FRY, D. B. (1975) Sprachaufnahme und Wahrnehmung. In: LYONS (Hg.) Neue Perspektiven der Linguistik (dt.). Reinbek, 28-49.
FUCKS, W. (1968) Nach allen Regeln der Kunst. Stuttgart.
GADAMER, H.-G. (1960) Wahrheit und Methode. Tübingen.
GEERTZ, C. (1973) The Interpretation of Cultures. New York.
GEISSNER, H. (1959) Sprache und Sprechen bei W. v. Humboldt. In: WINKLER (Hg.) Sprechkunde und Sprecherziehung. Bd. 4. Emsdetten, 16-26.
---- (1968) Zur Hermeneutik des Gesprochenen. In: GEISSNER/HÖFFE (Hg.) Sprechen - hören - verstehen (SuS 1). Ratingen, 13-30.
---- (1969) Rede in der Öffentlichkeit. Stuttgart.
---- (1972) Kommunikationseffekt. Gruppenleistung beim Herstellen eines Gerüchts. In: HÖFFE/JESCH (Hg.) Sprechwissenschaft und Kommunikation (SuS 3). Ratingen, 59-69.

GEISSNER, H. (1974) Mündliche und schriftliche Berichte. Rhetorische Analyse. In: IRAL-Sonderband. Heidelberg, 249-255.

---- (1975) Das Verhältnis von Sprach- und Sprechstil bei Rundfunknachrichten: In: STRASSNER (Hg.) Nachrichten. München, 137-150.

---- (1977) Überzeugungshindernisse. In: PLETT (Hg.) Rhetorik. München, 239-251.

---- (4. Aufl. 1978) Rhetorik. München.

---- (1981a) Gesprächsrhetorik. In: HAUBRICHS (Hg.) Perspektiven der Rhetorik. Göttingen, 66-89.

---- (1981b) Über Zielkonflikte im Sprachunterricht für Gastarbeiterkinder. In: NELDE u.a. (Hg.) Sprachprobleme bei Gastarbeiterkindern. Tübingen, 9-22.

---- (1982a) Gesprächsanalyse : Gesprächshermeneutik. In: KÜHLWEIN/RAASCH (Hg.) Stil: Komponenten - Wirkungen. Tübingen, 37-48.

---- (1982b) On Rhetoricity and Literarity. In: CE 32, 275-284.

---- (1984a) Über Hörmuster. In: GUTENBERG (Hg.) Hören und Beurteilen (SuS 12). Frankfurt, 13-56.

---- (1984b) Funktionen des Sprechausdrucks in der Sinnkonstitution. In: BERGER (Hg.) Sprechausdruck (SuS 13). Frankfurt, 9-26.

---- (1985a) Rhetorik und Hermeneutik. Die Rede der Abgeordneten Hamm-Brücher vor dem deutschen Bundestag am 1.10.1982. In: Rhetorik. Ein Internat. Jahrbuch. Bd. IV, 85-100.

---- (1985b) Mündliche Kommunikation als Performanz von Glück. In: SCHWEINS-BERG-REICHART (Hgn.) Performanz (SuS 15). Frankfurt, 29-50.

---- (2. Aufl. 1986a) Sprecherziehung. Didaktik und Methodik der mündlichen Kommunikation (1982). Frankfurt.

---- (3. Aufl. 1986b) Rhetorik und politische Bildung (1973). Frankfurt.

---- (1987a) MMK. In: GEISSNER/RÖSENER (Hg.) Medienkommunikation (SuS 18). Frankfurt, 207-222.

---- (ed.) (1987b) On Narratives. Frankfurt.

---- (2. Aufl. 1988a) Sprechwissenschaft. Theorie der mündlichen Kommunikation (1981). Frankfurt.

---- (1988b) Communicare est participare. In: GUTENBERG (Hg.) (SuS 19). Frankfurt (im Druck).

---- (1988c) Über das Rhetorischsein der Moderation von Politmagazinen. In: KREUZER (Hg.), Berlin (im Druck).

GEISSNER/RÖSENER (Hg.) (1987) Medienkommunikation (SuS 18). Frankfurt.

GEISSNER, U. (1985) Lehrerreaktion und sprecherischer Ausdruck. Gießen.

GIBBON/RICHTER (eds.) (1984) Intonation, Accent, and Rhythm. Studies in Discourse Phonology. Berlin.

GIBSON, J. W. (1966) A Quantitative Examination of Differences and Similarities in Written and Spoken Messages. In: SM 33, 444-451.

GILBERT/BURK (1969) Rate Alternation in Oral Reading. In: LaS 12, 192-201.

GILES/POWESLAND (1975) Speech Style and Social Evaluation. London.

GÖSCHEL, J. (1973) Strukturelle und instrumentalphonetische Untersuchungen zur gesprochenen Sprache. Berlin.

GOFFMAN, E. (1971) Interaktionsrituale (dt.). Frankfurt.

---- (1981) Forms of Talk. Philadelphia.

GOODY/WATT/GOUGH (1986) Entstehung und Folgen der Schriftkultur (dt. mit einer Einleitung von H. SCHLAFFER). Frankfurt.

GREENE, W. (1951) The Spoken and the Written Word. In: Harvard Studies in Classical Philology 68, 23-59.

GRIMSHAW, A. (1974) Data and Data Use in an Analysis of Communicative Events. In: BAUMAN/SHERZER (eds.) Explorations in the Ethnography of Speaking. Cambridge, 419-424.

GROSJEAN, F. (1980) Linguistic Structures and Performance Structures: Studies in Pause Distribution. In: DECHERT/RAUPACH (eds.) Temporal Variables in Speech. The Hague, 91-106.

GROSJEAN/COLLINS (1979) Breathing, Pausing, and Reading. In: Phonetica 36, 98-114.

GROSJEAN/GEE (1987) Prosodic Structure and Spoken Word Recognition. In: FRAUENFELDER/KOMISARJEVSKY TYLER (eds.) Spoken Word Recognition. Cambridge, Mass., 135-155.

GROSSE, S. (1964) Literarischer Dialog und gesprochene Sprache. In: BACKES (Hg.) Festschrift für Hans Eggers. Tübingen, 649-668.

---- (Hg.) (1983) Schriftsprachlichkeit. Düsseldorf.

GRÜNEWALD; G. (1957) Bemerkungen zu einer vergleichenden Betrachtung von Sprechen und Schreiben. In: Phonetica 1, 193-202.

GRUNDMANN, H. (1975) Untersuchungen zur mündlichen Rede der Schüler im Deutschunterricht an Wirtschaftsschulen als Beitrag zu einer empirisch-kritischen Sprachdidaktik. Göppingen.

GUDSCHINSKY, S. C. (1974) Linguistics and Literacy. In: SEBEOK (ed.) Current Trends in Linguistics. Vol. 12. The Hague, 2039-2055.

GÜNTHER, H. (Hg.) (1981) Geschriebene Sprache - Funktion und Gebrauch, Struktur und Geschichte. München.

---- (1983) Charakteristika von schriftlicher Sprache und Kommunikation. In: GÜNTHER/GÜNTHER (Hg.) Schrift ... Tübingen, 17-39.

GÜNTHER/GÜNTHER (Hg.) (1983) Schrift, Schreiben, Schriftlichkeit. Tübingen.

GUMPERZ, J. J. (1982) The Linguistic Bases of Communicative Competence. In: TANNEN (ed.) Analyzing Discourse: Text and Talk. Washington, 323-334.

GUMPERZ/HYMES (eds.) (1972) Directions in Sociolinguistics: The Ethnography of Communication. New York.

GUTENBERG, N. (1981) Formen des Sprechens. Gegenstandskonstitution und Methodologie von Gesprächs- und Redetypologie in Sprach- und Sprechwissenschaft. Göppingen.

---- (1983) Sprechstile. Ansätze zu einer sprechwissenschaftlichen Stilistik. In: SANDIG (Hgn.) Stilistik. Hildesheim, 209-286.

---- (1984) Sprechwissenschaftliches Hören und Beurteilen. Zur Konstruktion von Verfahren für die Notation mündlicher Kommunikation. In: ders. (Hg.) Hören und Beurteilen (SuS 12). Frankfurt, 159-176.

---- (1984) Hermeneutisch-analytische Notation (HAN). Ein Verfahren zur Notation des Sprechausdrucks. In: ders. (Hg.) Hören und Beurteilen (SuS 12). Frankfurt, 177-208.

---- (1987) Sprechdenken - Hörverstehen - Leselehre. Überlegungen aus sprechwissenschaftlicher Sicht. (MS).

HAAS, W. (ed.) (1982) Standard Language, Spoken and Written. Manchester.

HÄNNI, R. (1973) Sprechpausen und Planung des Sprechens. Bern.

HAGGARD, M. (1975) Understanding Speech Understanding. In: COHEN/NOOTE-BOOM (eds.) Structure und Process in Speech Perception. Berlin, 3-15.

HALLIDAY, M. A. K. (1967) Intonation and Grammar in Britisch English. The Hague.

HAMMARSTRÖM, G. (1973) Linguistic Units and Items. Berlin.

---- (1986) Handbook of Perception and Human Performance. Vol. I: Sensory Processes and Perception. New York.

HANNIG, C. (1974a) Zur Syntax der gesprochenen und geschriebenen Sprache bei Kindern der Grundschule. Kronberg.

---- (1974b) Kommentierte Bibliographie zu Studien über Kindersprache. In: Dies. (Hgn.) Zur Sprache des Kindes im Grundschulalter. Kronberg, 207-228.

HARRELL, L. E. (1957) A Comparison of Oral and Written Language of Schoolage Children. Lafayette, Ind.

HARRIS, K. S. (1984) Coarticulation as a Component in Articulatory Description. In: DANILOFF (ed.) Articulation Assessment. San Diego, CA., 147-167.

HARWEG, R. (1968) Textanfänge in geschriebener und gesprochener Sprache. In: Orbis, 343-388.

---- (1973) Phonematik und Graphematik. In: KOCH (Hg.) Perspektiven der Linguistik. Bd. 1. Stuttgart, 37-64.

HASSELBERG, J. (1976) Dialekt und Bildungschancen. Weinheim.

HAUSMANN, F. J. (3. Aufl. 1988) Gesprochenes· und geschriebenes Französisch. Berlin.

HAVELOCK, E. A. (1963) Preface to Plato. Cambridge, Mass.

HAYNES, W. L. (1988) Of that We Cannot Write - Some Notes on the Phenomenology of Media. In: QJS LXXIV, 71-101.

HEIKE, G. (1969) Suprasegmentale Analyse. Marburg.

---- (1969b) Sprachliche Kommunikation und linguistische Analyse. Heidelberg.

---- (1972) Phonologie. Stuttgart.

HEINZE, H. (1979) Gesprochenes und geschriebenes Deutsch. Düsseldorf.

HELFRICH, H. (1985) Satzmelodie und Sprachwahrnehmung. Berlin.

HELMIG, G. (1972) Gesprochene und geschriebene Sprache und ihre Übergänge. In: Der Deutschunterricht 24, 5-25.

HENNE, H. (1975) Sprachpragmatik. Tübingen.

HENNE/REHBOCK (1979) Einführung in die Gesprächsanalyse. Berlin.

HENNEMAN, R. H. (1952) Vision and Audition as Sensory Channels for Communication. In: QJS XXXVIII, 161-166.

HILDEBRANDT/STEVENS (1963) Manuscript and Extemporaneous Delivery in Communication Information. In: CM XXX, 369-372.

HILDYARD/OLSON (1982) On the Comprehension and Memory of Oral vs. Written Discourse. In: TANNEN (ed.) Spoken and Written Language. Norwood, NJ, 19-33.

HIRST, D. J. (1979) Prosodic and Intonative Features in the Description of English Intonation. In: ZPSK 32, 54-63.

---- (1980) The Description of English Intonation. In: LEON/ROSSI (eds.) Problèmes de Prosodie I. Ottawa, 29-39.

HÖFFE, W. L. (1966) Sprachlicher Ausdrucksgehalt und akustische Struktur. Ratingen.

HÖHNE-LESKA, C. (1975) Statistische Untersuchungen zur Syntax gesprochener und geschriebener deutscher Gegenwartssprache. Berlin (DDR).

HÖRMANN, H. (1981) Einführung in die Psycholinguistik. Darmstadt.

HOUWELINGEN, E. v. (1943) Über den Unterschied zwischen der Intonation beim freien Sprechen und beim Lesen im Niederländischen. In: Arch. Neerlandaise de Phonétique Expérimentale. Vol. XIX.

HOWES, R. F. (1940) The Talked and the Written. In QJS XXVI, 229-235.

HUDSON, A. (1977) A Study of the Speaking and Reading Fundamental Vocal Frequency of Young Black Adults. Tallahassee.

HYMES, D. (1974) Ways of Speaking. In: BAUMAN/SHERZER (eds.) Explorations in the Ethnography of Speaking. Cambridge, 433-451.

---- (1979) Die Ethnographie des Sprechens. In: HYMES: Soziolinguistik (dt.). Frankfurt, 29-97.

---- (1979) Über Sprechweisen. In: HYMES: Soziolinguistik (dt.). Frankfurt, 166-192.

IPSEN/KARG (1928) Schallanalytische Versuche. Heidelberg.

ISACENKO/SCHÄDLICH (1966) Untersuchungen über die deutsche Satzintonation. In: Studia Grammatica VII, 7-67.

JÄGER, K.-H. (1976) Untersuchungen zur Klassifikation gesprochener deutscher Standardsprache. München.

JAMISON/DYCK (1983) Rhetorik, Topik, Argumentation. Bibliographie zur Rede-
lehre und Rhetorikforschung im deutschsprachigen Raum 1945 - 1980. Stuttgart.
JANSEN, F (1981) Syntaktische Konstrukties in Gesproken Taal. Amsterdam.
JECKLIN, A. (1973) Untersuchungen zu den Satzbauplänen der gesprochenen Spra-
che. Bern.
JEDLICKA, A. (1974) Die Schriftsprache in der heutigen Kommunikation. Leipzig.
JESCH, J. (1979) Informierendes Sprechen. In: Praxis Deutsch 33, 48-50.
JESCH/STOFFEL (1977) Informierendes Sprechen - Überlegungen zu einem vernach-
lässigten Bereich rhetorischer Kommunikation. In: OCKEL (Hg.) Sprechwissen-
schaft und Deutschdidaktik (SuS 6). Ratingen, 183-204.
JOHNSON, W. et al. (1944) Studies in Language Behavior (Psych. Monographs 2).
Iowa.
JONES, D. (1943) Differences between Spoken and Written Language. In: Journal
of Education 70.
JONG, E. D. (red.) (1979) Spreektaal. Wordfrequenties in gesproken nederlands.
Utrecht.
JOUSSE, M. (1974) L'anthropologie du geste (1925). Paris.
---- (1978) Le parlant, la parole et le souffle. Préface M. HOUIS. Paris.
KAINZ, F. (1956) Psychologie der Sprache. Bd. IV. Stuttgart.
KALLENBACH/SCHROEDER (1961) Zur Technik der Tonaufnahme bei Sprachunter-
suchungen. In: Phonetica 7, 95-108.
KAVANAGH/MATTINGLY (1972) Language by Ear and by Eye: The Relationship
between Speech and Writing. Cambridge, Mass.
KEGEL, G. (1986) Sprechwissenschaft und Psycholinguistik. Opladen.
KLEIN, W. (1980) Der Stand der Forschung zur deutschen Satzintonation. In: LB
68, 3-33.
---- (1985) Gesprochene Sprache - geschriebene Sprache. In: lili 59, 9-35.
---- (Hg.) (1985) Schriftlichkeit. In: lili 59.
---- (1986) Intonation und Satzmodalität in einfachen Sätzen. In: SLEMBEK (Hgn.)
Miteinander sprechen und handeln. Frankfurt, 161-178.
KNOOP, U. (1978) Dialekt und schriftsprachliches Gestalten. In: AMMON/KNOOP/
RADTKE (Hg.) Grundlagen einer dialektorientierten Sprachdidaktik. Weinheim,
157-173.
---- (1983a) Mündlichkeit und Schriftlichkeit. In: GROSSE (Hg.) Schriftsprach-
lichkeit. Düsseldorf, 24-36.
---- (1983b) Zum Status der Schriftlichkeit in der Sprache der Neuzeit. In: GÜN-
THER/GÜNTHER (Hg.) Schrift, Schreiben, Schriftlichkeit. Tübingen, 159-167.
KOHLER, K. (1973) Probleme der Analyse gesprochener Sprache. In: Linguistische
Studien III, 72-89.
---- (1977) Einführung in die Phonetik des Deutschen. Berlin.
KRALLMANN/SOEFFNER (1973) Gesellschaft und Information. Stuttgart.
KRECKEL, M. (1981) Tone Units as Message Blocks in Natural Discourse: Segmen-
tation of Face-to-Face Interaction by Naive, Native Speakers. In: Journal of
Pragmatics 5, 459-476.
KÜMMEL, P. (1969) Struktur und Funktion sichtbarer Zeichen. Quickborn.
KUHLMANN, W. (1931) Die Tonhöhenbewegung des Aussagesatzes. Freiburg.
LABOV, W. (1972) Das Studium der Sprache im sozialen Kontext. In: KLEIN/WUN-
DERLICH (Hg.) Aspekte der Soziolinguistik. Frankfurt, 123-206.
LAKOFF, R. T. (1979) Expository Writing and the Oral Dyad as a Point on a
Communicative Continuum: Writing Anxiety as the Result of Mistranslation. (Un-
published).
---- (1982) Some of my Favorite Writers are Literate: The Mingling of Oral and
Written Communication. In: TANNEN (ed.) Spoken and Written Language: Ex-
ploring Orality and Literacy. Norwood, 239-260.

194

LAVELLE, L. (1942) La parole et l'écriture. Paris.

LAVER, J. (1975) Die Hervorbringung von Rede. In: LYONS (Hg.) Neue Perspektiven der Linguistik (dt.). Reinbek, 50-69.

LAVER/TRUDGILL (1979) Phonetic and Linguistic Markers in Speech. In: SCHERER/GILES (eds.) Social Markers in Speech. Cambridge, 1-32.

LEEUWEN, T. v. (1982) Professional Speech. Accentual and Juncture Style in Radio Announcing. Sidney. (Unpublished Thesis).

LEHISTE, I. (1970) Suprasegmentals. Cambridge, Mass.

LEHISTE/PETERSON (1972) Some Basic Considerations in the Analysis of Intonation. In: BOLINGER (ed.) Intonation. Harmondsworth, 367-384.

LEHTONEN, J. (1985) Speech rate in Finnish. In: HURME (ed.) Papers in Speech Research 6, 15-27.

LENTZ, T. M. (1982) Writing as Sophistry: From Preservation to Persuasion. In: QJS 68, 60-68.

LEON, P. (1970) Systématique des fonctions expressives de l'intonation. In: LEON/FAURE/RIGAULT (eds.) Prosodic Feature Analysis. Ottawa, 57-72.

LEON/MARTIN (1970) Prolégomèmes à l'étude des structures intonatives. Ottawa.

LERCH, E. (1938) Vom Wesen des Satzes und von der Bedeutung der Stimmführung für die Satzdefinition. In: Archiv f. d. ges. Psychologie 100, 131 ff.

LESKA, C. (1965) Vergleichende Untersuchungen zur Syntax gesprochener und geschriebener Gegenwartssprache. In: Beiträge z. Geschichte d. deutschen Sprache und Literatur 87. Halle, 427-461 (vgl. HÖHNE-LESKA).

LIEB, H.-H. (1980) Intonation als Mittel verbaler Kommunikation. In: LB 68, 34-48.

LIEBERMAN, P. (1967) Intonation, Perception, and Language. Cambridge, Mass.

---- (1974) A Study of Prosodic Features. In: SEBEOK (ed.) Current Trends in Linguistics. Vol. 12. The Hague, 2419-2449.

LINDGREN; K. B. (1987) Zur Grammatik des gesprochenen Deutsch. Sätze und satzwertige Konstruktionen. In: ZGL 15, 282-292.

LINELL, P. (1982) The Written Language Bias in Linguistics. Linköping.

LÖTSCHER, A. (1981) Satzakzentuierung und Tonhöhenbewegung im Standarddeutschen. In: LB 74, 20-34.

LOUGHRAM, J. M. (1934) Oral English in Secondary Schools. In: QJS XX, 72-80.

LUDWIG, O. (1980) Funktionen geschriebener Sprache und ihr Zusammenhang mit Funktionen der gesprochenen Sprache. In: ZGL 8, 74-92.

---- (1983) Einige Gedanken zu einer Theorie des Schreibens. In: GROSSE (Hg.) Schriftsprachlichkeit. Düsseldorf, 37-73.

LUETKEMEYER/VANANTWERP/KINDELL (1984) An Annotated Bibliography of Spoken and Written Language. In: TANNEN (ed.) Coherence in Spoken and Written Discourse. Norwood, 265-281.

LUTZ/WODAK (1987) Information für Informierte. Linguistische Studien zu Verständlichkeit und Verstehen von Hörfunknachrichten. Wien.

MARSLEN-WILSON/TYLER (1980) The Temporal Structure of Spoken Language Understanding. In: Cognition, 7-71.

MARTENS, P. (1952) Über JOSHUA STEELEs Abhandlung MELODY AND MEASURE OF SPEECH, London 1775. In: ESSEN, O.v.(Hg.) Sprechmelodie als Ausdrucksgestaltung. Hamburg, 32-43.

MARTIN, H. R. (1981) The Prosodic Components of Speech Melody. In: QJS LXVII, 81-92.

MARTIN, P. (1980) Sur les principes d'une théorie syntaxique de l'intonation. In: LEON/ROSSI (eds.) Problèmes de prosodie I. Ottawa, 91-101.

McCROSKEY, J. C. (4. Aufl. 1982) An Introduction to Rhetorical Communication. Englewood Cliffs, N.J.

McLUHAN, M. (1964) Understanding Media: The Extension of Man. New York.

MEIER, R. (1984) Bibliographie zur Intonationsforschung. Tübingen.
MEINHOLD, G. (1967) Progrediente und terminale Intonationsverläufe im Deutschen. In: ZPSK 20, 465-478.
---- (1967) Qualität und Häufigkeit von Pausen in gelesenen deutschen Texten im Zusammenhang mit dem Sprechtempo. In: Wiss. Zeitschr. Univ. Jena, 16. Jg., 107-111.
---- (1972) Allgemeine phonetische Probleme der Sprechgeschwindigkeit. In: ZPSK 6, 422 ff.
MOUCHET,E. (1978) Der Satzakzent, seine Position und seine Funktionen. In: LB 55, 71-88.
MURPHY/PILOTTA (eds.) (1983) Qualitative Methodology. Theory and Application. Dubuque.
NÄF, A. (1984) Satzarten und Äußerungsarten im Deutschen. In: ZGL 12, 21-44.
NANON-SCHWEHR, K. (1987) Discourse Analysis. Recurrent Intonation Patterns in the Kennedy-Nixon Debate. Tübingen.
NAUMANN, C.-L. (1987) Pausen und Kadenzen beim Textvortrag. In: sprechen II, 11-27.
---- (1987) Gesprochenes Deutsch und Orthographie. Bern.
NERIUS, D. et. al. (1987) Deutsche Orthographie. Leipzig.
NESPOR/VOGEL (1986) Prosodic Phonology. Dordrecht.
NEWMAN/HOROWITZ (1965) Speaking and Writing. In: Communication Quaterly XIII, 2-4.
NIDA, E. (1967) Linguistic Dimensions of Literacy and Literature. In: SHACKLOCK (ed.) World Literacy Manual. New York, 142-161.
NORTON, R. (1983) Communicator Styles. Beverly Hills, CA.
OCKEL, E. (1987) Erzählen und Vorlesen. In: ALLHOFF (Hg.) Sprechen lehren - Reden lernen. München, 156-166.
O'DONNELL, R. C. (1974) Syntactic Differences between Speech and Writing. In: American Speech 49, 102-110.
OLBRICHT, T. (1968) Informative Speaking. Glenview, Ill.
OLSON, D. R. (1977a) From Utterance to Text: The Bias of Language in Speech and Writing. In: Harvard Education Review 47, 257-281.
---- (1977b) Oral and Written Language and the Cognitive Processes of Children. In: Journal of Communication XXVII, 10-26.
---- (1980) On the Language and Authority of Textbooks. In: Journal of Communication XXX, 186-195.
ONG, W. J. (1977) Interfaces of the Word. Ithaca, NY.
---- (1980) Literacy and Orality in our Times. In: Journal of Communication XXX, 197-204.
---- (1982) Orality and Literacy. London. (Dt. 1987, Opladen).
PALKOVA, Z. (1971) The Distinction between the Spoken and Read Forms of Language. In: Acta Univ. Carolinae 2, Prag, 17-24.
PAUL, H. (5. Aufl. 1920) Prinzipien der Sprachgeschichte, Halle.
PAWLOWSKI, K. (1987) Wie sprechen Hörfunkjournalisten? Eine sprechwissenschaftliche Analyse. In: GEISSNER/RÖSENER (Hg.) Medienkommunikation (SuS 18). Frankfurt, 93-111.
PETERS, W. E. (1924) Die Auffassung der Sprechmelodie. Leipzig.
---- (1929) Die stimmanalytische Methode. Tartu.
PENTILLÄ, A. (1970) Zur Grundlagenforschung der geschriebenen Sprache. In: Acta Universitatis Uppsaliensis II : 2, 31-55.
PETRIE, C. R. (1963) Informative Speaking. A Summary and Bibliography of Related Research. In: SM 30, 79-91.
PETROVIC, K. (1978) Satzmelodie in Ausrahmungsstrukturen. In: ZPSK 31, 170-182.

PEUSER, G. (1983) Zweimal Rotkäppchen: Ein Vergleich der mündlichen und schriftlichen Textproduktion von Aphatikern. In: GÜNTHER/GÜNTHER (Hg.) Schrift, Schreiben, Schriftlichkeit. Tübingen, 143-158.

PHEBY, J. (2. Aufl. 1980) Intonation und Grammatik im Deutschen. Berlin (DDR).

---- (1983) Intonationsbeschreibung des Deutschen mit Hilfe von 'Informationseinheit' und 'Informationsverteilung'. In: lili 49, 35-52.

PIKE, K. L. (1972) General Characteristics of Intonation (1945). In: BOLINGER (ed.) Intonation. Harmondsworth, 53-82.

PILCH, H. (1977) Sociophonétique de l'allemand. In: WALTER (ed.) Phonologie et société. Ottawa, 141-146.

PISONI/SAWUSCH (1975) Some Stages in Speech Perception. In: COHEN/NOOTE-BOOM (eds.) Structure and Processes in Speech Perception. Berlin, 16-34.

POMPINO-MARSHALL, B. (1983) Die Wahrnehmung gesprochener Sprache. In: GÜNTHER/GÜNTHER (Hg.) Schrift, Schreiben, Schriftlichkeit. Tübingen, 69-88.

POOLE/FIELD (1976) A Comparison of Oral and Written Code Elaboration. In: LaS 19, 305-311.

PORTNOY, S. (1973) A Comparison of Oral and Written Verbal Behavior. In: SALZINGER/FELDMAN (eds.) Studies in Verbal Behavior. New York, 99-151.

PRESTEN/GARDNER (1967) Dimensions of Oral and Written Language Fluency. In: Journal of Verbal Learning and Verbal Behavior 6, 936-945.

QUIRK, R. et al. (1985) A Comprehensive Grammar of the English Language. London.

RAETTIG, V. (1973) Arbeiten zur gesprochenen Sprache. Ein Forschungsbericht (1965-1971). In: WACKERNAGEL-JOLLES (Hgn.) Aspekte der gesprochenen Sprache. Göppingen, 9-23.

RAIBLE, W. (1987) Mündlichkeit und Schriftlichkeit. Tübingen.

RATH, R. (1979) Kommunikationspraxis. Göttingen.

REDDER, A. (1983) Kommunikation in der Schule - zum Forschungsstand seit Mitte der siebziger Jahre. In: OBST 24, 118-144.

REDEKER, G. (1984) On Differences between Spoken and Written Language. In: Discourse Processes 7, 43-55.

RENKEMA, J. (1987) Tekst en Uitleg. Dordrecht.

RHODE/ROSSDEUTSCHER (1973) Aufnahme, Transkription und Auswertung spontanen Sprechens. In: WACKERNAGEL-JOLLES (Hgn.) Aspekte der gesprochenen Sprache. Göppingen, 25-79.

RICHTER, H. (1966) Anleitung zur auditiv-phänomenalen Beurteilung der suprasegmentalen Eigenschaften sprachlicher Äußerungen. In: ZWIRNER/RICHTER (Hg.) Gesprochene Sprache. Wiesbaden, 11-21.

---- (1966) Zur Kategorialität segmenteller Abhörtexte. In: ebd., 26-48.

---- (1967) Zur Intonation der Bejahung und Verneinung im Hochdeutschen. In: Satz und Wort im heutigen Deutsch. Düsseldorf, 329-362.

---- (1981) Über die Vorläufigkeit phonetischer Notationen. In: WINKLER, P. (Hg.) Methoden der Analyse von Face-to-Face-Situationen. Stuttgart, 47-55.

ROMPORTL, M. (1960) Sprechmelodie und andere satzphonetische Mittel in der Hochlautung. In: Wiss. Zeitschr. Univ. Halle 9, 461-466.

---- (1976) Zur Semantik der Sprechmelodie. In: STOCK/SUTTNER (Hg.) Sprechwirkung. Halle, 85-90.

ROSSI, M. et al. (1981) L'intonation   de l'acoustique à la sémantique. Paris.

ROYE, H.-W. (1983) Segmentierung und Hervorhebungen in gesprochener deutscher Standardsprache - Analyse eines Polylogs. Tübingen.

RUBIN, A. (1980) A Theoretical Taxonomy of the Differences between Oral and Written Language. In: SPIRO/BRUCE/BREWER (eds.) Theoretical Issues in Reading Comprehension. Hillsdale, NJ., 411-438.

197

RUBIN/DODD (1987) Talking into Writing. Urbana, Ill.
RUDELL, R. E. (1965) The Effect of the Similarity of Oral and Written Patterns of Language Structure on Reading Comprehension. In: Elementary English 42, 403-410.
RUOFF, A. (1973) Grundlagen und Methoden der Untersuchung gesprochener Spra- Tübingen.
RUPP, H. (1965) Gesprochenes und geschriebenes Deutsch. In: Wirkendes Wort 15, 19-29.
SALLINEN-KUPARINEN (ed.) (1987) Perspectives on Instructional Communication. Jyväskylä.
SANDERS, R. E. (1984) Style, Meaning, and Messages Effects. In: CM 51, 154-167.
SANDIG, B. (1976) Schriftsprachliche Norm und die Beschreibung und Beurteilung spontan gesprochener Sprache. In: PRESCH/GLOY (Hg.) Sprachnormen. Bd. 2. Stuttgart, 93-105.
SANKOFF, G. (1974) A Quantitative Paradigm for the Study of Communication Competence. In: BAUMAN/SHERZER (eds.) Explorations in the Ethnography of Speaking. Cambridge, 18-49.
SCHALLERT/KLEINMANN/RUBIN (1977) Analysis of Differences between Written and Oral Language. Urbana, Ill.
SCHANK/SCHÖNTHAL (1976) Gesprochene Sprache. Tübingen.
SCHERER/GILES (eds.) (1979) Social Markers in Speech. Cambridge.
SCHERER, K. (Hg.) (1982) Vokale Kommunikation. Weinheim.
---- (1982) Akustische Parameter der vokalen Kommunikation. In: ders.: Vokale Kommunikation. Weinheim, 122-137.
SCHRÖDER, H. (1960) Quantitative Stilanalyse. Würzburg.
SCHRÖDER/STEGER (Hg.) (1981) Dialogforschung. Düsseldorf.
SCHULTZ-COULON, (1975) Bestimmung und Beurteilung der individuellen mitt- leren Sprechstimmlage. In: Folia Phoniatrica 27, 375-386.
SCHWEINSBERG-REICHART, I. (1975) Vorlesen und Erzählen. Heidelberg.
SCOLLON, R. (1982) The Rhythmic Integration of Ordinary Talk. In: TANNEN (ed.) Analyzing Discourse: Text and Talk. Washington, D.C., 335-349.
SCRIBNER/COLE (1978a) Unpackaging Literacy. In: Social Science Information 17, 19-40.
---- (1978b) Literacy without Schooling: Testing for Intellectual Effects. In: Harvard Educational Review 48, 448-462.
SELKIRK, E. (1980) On Prosodic Structure and its Relation to Syntactic Structure. Bloomington.
SIMON, J. (1974) Zum Vergleich von geschriebener und gesprochener Sprache in Schülererzählungen. In: HANNIG (Hgn.) Zur Sprache des Kindes im Grundschul- alter. Kronberg, 59-97.
SLEMBEK, E. (1983) Individuelle Identifikation und soziale Bewertung von Ge- sprächspartnern durch Sprechausdrucksmerkmale. In: SANDIG (Hgn.) Stilistik. Bd. 2. Hildesheim, 199-222.
---- (1984) Leseverstehen und Hörverstehen, zwei vernachlässigte Grundleistungen in der Kommunikation. In: GUTENBERG (Hg.) Hören und Beurteilen (SuS 12). Frankfurt, 57-77.
---- (1985) Über den Prozeß des Mißverstehens. In: SCHWEINSBERG-REICHART (Hgn.) Performanz (SuS 15). Frankfurt, 133-146.
---- (1986) Lehrbuch der Fehleranalyse und Fehlertherapie. Heinsberg.
---- (Hgn.) (1987) Miteinander sprechen und handeln. Festschrift für Hellmut Geissner. Frankfurt.
SNECK, S. (1987) Assessment of Chronography in Finnish and English Telephone Conversation: An Attempt at a Computer Analysis. Jyväskylä.

SNIDECOR, J. C. (1943) A Comparative Study of the Pitch and Duration Characteristics of Impromptu Speaking and Oral Reading. In: SM 10, 50-56.

SOEFFNER, H.-G. (1979) Interaktion und Interpretation. In: ders. (Hg.) Interpretative Verfahren in den Sozial-und Textwissenschaften. Stuttgart, 328-351.

SPANG, W. (1988) "Hauptsache es kommt rüber". Aspekte des professionellen Sprechens im Hörfunk. Landau. (Unveröffentlichte Examensarbeit).

STEGER, H. (1969) Gesprochene Sprache. Zu ihrer Typik und Typologie. In: Satz und Wort im heutigen Deutsch. Düsseldorf, 259-291.

---- (1970) Über Dokumentation und Analyse gesprochener Sprache. In: Zielsprache Deutsch, 13-21.

---- et al. (1974) Redekonstellation, Redekonstellationstyp, Textexemplar, Textsorte im Rahmen eines Sprachverhaltensmodell. In: Gesprochene Sprache. Düsseldorf, 39-97.

STENZEL, H. (2. Aufl. 1958) Sinn, Bedeutung, Begriff, Definition. Ein Beitrag zur Frage der Sprachmelodie (1925). Darmstadt.

STEWART, J. (1978) Foundations of Dialogic Communication. In: QJS LXIV, 183-201.

STICHT/GLASNAPP (1972) Effects of Speech Rate, Selection Difficulty, Association Strength and Mental Aptitude on Learning by Listening. In: Journal of Communication 22, 174-188.

STOCK, E. (1970) Zur Bewertung des Tonhöhenverlaufs im Aussagesatz. In: Proceedings of the 6th Intern. Congress of Phonetic Sciences, Prag, 867-870.

---- (1970) Der gesprochene Satz. In: Kleine Enzyklopädie der deutschen Sprache. Leipzig, 994-1008.

---- (1980) Untersuchungen zu Form, Bedeutung und Funktion der Intonation im Deutschen. Berlin (DDR).

STOCK/ZACHARIAS (1975) Deutsche Satzintonation (4 Schallplatten mit Beiheft). Leipzig.

---- (3. Aufl. 1982) Deutsche Satzintonation (1971). Leipzig.

STOCKWELL, R. P. (1972) The Role of Intonation: Reconsiderations and Other Considerations. In: BOLINGER (ed.) Intonation. Harmondsworth, 87-109.

STOFFEL, R. (1979) Sprechdenken und Hörverstehen. In: Praxis Deutsch 33, 51-55.

STUDDERT KENNEDY, M. (1974) Perception of Speech. In: SEBEOK (ed.) Current Trends in Linguistics. Vol. 12. The Hague, 2349-2385.

---- (1980) Speech Perception. In: LaS 23, 45-65.

SZAWARA/O'CONNELL (1977) Temporal Reflections of Spontaneity in Homilies. In: Bulletin of the Psychonomic Society 9, 360-362.

TANNEN, D. (1980) Implications of the Oral/Literate Continuum for Cross-Cultural Communication. In: ALATIS (ed.) Current Issues in Bilingual Education. Washington, D.C., 326-347.

---- (1982a) Oral and Literate Strategies in Spoken and Written Discourse. In: Language 58, 1-21.

---- (ed.) (1982b) Spoken and Written Language: Exploring Orality and Literacy. Norwood, N.J.

---- (1982c) The Oral/Literate Continuum in Discourse. In: dies. (ed.) Spoken and Written Language ... Norwood, 1-16.

---- (ed.) (1982d) Analyzing Discourse: Text and Talk. Washington, D.C.

---- (1982e) The Myth of Orality and Literacy. In: FRAWLEY (ed.) Linguistics and Literacy. New York, 37-50.

---- (ed.) (1984) Coherence in Spoken and Written Discourse. Norwood, NJ.

---- (1986) That's not what I Meant. How Conversational Style Makes or Breaks Your Relations with Others. New York.

TIMMIS, J. H. (1985) Textual and Information-Theoretic Indexes of Style as Discriminators between Message Sources. In: CM 52, 136-155.
TOMATIS, A. A. (1987) Der Klang des Lebens (dt.). Reinbek.
TORSOUEVA-LEONTIEVA, I. (1980) Recherches Soviétiques dans le domaine de la théorie de l'intonation. In: LEON/ROSSI (eds.) Problèmes de prosodie I. Ottawa, 69-75.
TROJAN, F. (1961) Deutsche Satzbetonung. Wien.
TROPF, H. S. (1985) Zur Intonation spontan gesprochener und laut gelesener W-Fragen. In: KÜRSCHNER/VOGT (Hg.) Sprachtheorie, Pragmatik, Interdisziplinäres. Bd. 1. Tübingen, 49-60.
UHLENBECK, E. M. (1979) Schriftelijk en mondeling taalgebruik. In: STASSE, v.d. et al. (red.) Lezen en Interpreteren. Muiderberg, 211-217.
UIT den BOGAART, P. C. (red.) (1975) Wordfrequenties in geschreven en gesproken Nederlands. Utrecht.
ULDALL, E. (1972) Dimensions of Meaning in Intonation (1964). In: BOLINGER (ed.) Intonation. Harmondsworth, 250-259.
ULDALL, H. J. (1944) Speech and Writing. In: Acta Linguistica 4, 11-16.
URBAN, K. (1977) Verstehen gesprochener Sprache. Düsseldorf.
VACHEK, J. (1939) Zum Problem der geschriebenen Sprache. In: TCPL 8, 94-104.
VALO, M. (1986) Speaker Evaluation: A Method of Studying Attitudes towards Communicative Behavior. In: SALLINEN-KUPARINEN (ed.) Jyväskylä Studies in Speech Communication, 105-125.
VANSINA, J. (1965) Oral Tradition. Chicago.
VARWIG, F. R. (Hg.) (1986) Sprechkultur im Medienzeitalter (SuS 16). Frankfurt.
WACKERNAGEL-JOLLES, B. (1971) Untersuchung zur gesprochenen Sprache. Beobachtungen zur Verknüpfung spontanen Sprechens. Göppingen.
---- (Hgn.) (1973) Aspekte der gesprochenen Sprache. Göppingen.
WALTER, O. M. (2. Aufl. 1982) Speaking to Inform, to Persuade. New York.
WEINRICH, H. (1961) Phonologie der Sprechpause. In: Phonetica 7, 4-18.
WIESE, R. (1986) Syntax und Phonologie. Ein Übersichtsartikel anhand von Elisabeth SELKIRKs 'Phonology and Syntax: The Relation between Sound and Structure'. Cambridge, Mass., 1984. In: LB 103, 252-276.
WILKINSON, A. (1970) Research in Listening Comprehension. In: Education. Res. 12, 140-144.
WINGFIELD, A. (1975) The Intonation-Syntax Interaction. Prosodic Features in Perceptual Processing of Sentences. In: COHEN/NOOTEBOOM (eds.) Structure and Process in Speech Perception. Berlin, 146-160.
WINKLER, Chr. (3. Aufl. 1962) Lesen als Sprachunterricht (1952). Ratingen.
---- (1962) Satz und Ausspruch. In: Wiss. Zeitschr. Univ. Halle 12, 1748-1763.
---- (1970) Untersuchungen zur Intonation in der deutschen Gegenwartssprache. In: Forschungsberichte des IdS 4, 105-115.
---- (1971) Die Kadenzen des einfachen Satzes. In: Muttersprache 81, 234-238.
---- (1973) Freigesprochen und gelesen. In: Linguistische Studien III, Düsseldorf, 111-125.
---- (1974) Beziehungen zwischen Intonation und Syntax. In: Gesprochene Sprache. Düsseldorf, 176-198.
---- (2. Aufl. 1974) Elemente der Rede. Zur Geschichte ihrer Theorie in Deutschland von 1750-1850 (1931). Tübingen.
---- (1979) Untersuchungen zur Kadenzbildung in deutscher Rede. München.
---- (1984) Die Klanggestalt des Satzes (1959). In: DUDEN-Grammatik, 730-755.
---- (Hg.) (1985) Aus den Schriften von Erich Drach (1885-1936) (SuS 14). Frankfurt.

WINKLER, P. (1980) Phonetische und konversationsanalytische Interpretationen: Eine Vororientierung. In: LB 68, 67-84.
---- (1984) Interrelations between Fundamental Frequency and Other Acoustic Parameters of Emphatic Segments. In: GIBBON/RICHTER (eds.) Intonation, Accent, and Rhythm. Berlin, 327-338.
WINTER, W. (1961) Relative Häufigkeit syntaktischer Erscheinungen als Mittel zur Abgrenzung der Stilarten. In: Phonetica 7, 193-216.
---- (1969) Stil als linguistisches Problem. In: Satz und Wort im heutigen Deutsch. Düsseldorf, 219-235.
---- (1974) Echte und simulierte gesprochene Sprache. In: Gesprochene Sprache. Düsseldorf, 129-143.
WODARZ, H.-W. (1960) Über vergleichende satzmelodische Untersuchungen. In: Phonetica 5, 75-98.
WODZINSKI, B. (1969) Untersuchungen zur gesprochenen und geschriebenen Sprache Berliner Hauptschüler. Berlin.
WOOLBERT, C. H. (1922) Speaking and Writing. A Study of Differences. In: QJS VIII, 271-285.
WUNDERLI, P. (1978) Französische Intonationsforschung. Kritische Bilanz und Versuch einer Synthese. Tübingen.
WYGOTSKI, L. S. (1971) Denken und Sprechen (dt.) (1934). Frankfurt.
YEAGER, F. A. (1974) Linguistic Analysis of Oral Edited Discourse. In: Communication Quarterly XXII, 29-36.
ZIMMERMANN, H. (1965) Zu einer Typologie des spontanen Gesprächs. Bern.
ZWIRNER, E. und K. (1937) Über Hören und Messen der Sprachmelodie. In: Archiv für vergleichende Phonetik 1/1, 35-47.

Verwendete Abkürzungen für amerikanische Zeitschriften und Reihen:

CE   Communication Education   (s. ST)

CM   Communication Monographs   (s. SM)

JC   Journal of Communication

LaS   Language and Speech

QJS   The Quarterly Journal of Speech

SM   Speech Monographs (seit 1976: Communication Monographs)

ST   The Speech Teacher (seit 1976: Communication Education)